煮雨青少年创意写作

燕玉梅 著

上海大学出版社
·上海·

图书在版编目(CIP)数据

煮雨青少年创意写作 / 燕玉梅著. —上海：上海大学出版社，2023.8
ISBN 978-7-5671-4763-8

Ⅰ.①煮… Ⅱ.①燕… Ⅲ.①汉语—写作—青少年读物 Ⅳ.①H15-49

中国国家版本馆 CIP 数据核字(2023)第 136196 号

策　　划	陈　荣	江振新
责任编辑	刘　强	
助理编辑	陈　荣	
封面设计	倪天辰	
技术编辑	金　鑫	钱宇坤

煮雨青少年创意写作

燕玉梅　著

上海大学出版社出版发行
(上海市上大路 99 号　邮政编码 200444)
(https://www.shupress.cn　发行热线 021-66135112)
出版人　戴骏豪

＊

南京展望文化发展有限公司排版
江阴市机关印刷服务有限公司印刷　各地新华书店经销
开本 890mm×1240mm　1/32　印张 8.25　字数 185 千字
2023 年 9 月第 1 版　2023 年 9 月第 1 次印刷
ISBN 978-7-5671-4763-8/H·419　定价 55.00 元

版权所有　侵权必究
如发现本书有印装质量问题请与印刷厂质量科联系
联系电话：0510-86688678

打开创意写作之门（代序）

燕玉梅是最早一批"80后"作家,大学时就写玄幻传奇、写校园言情、写神农架的风物等,还在春风文艺出版社出版过长篇小说,是其时校园公认的才女,给老师和同学留下了深刻印象。毕业后,她做起了老师。听说很受学生欢迎,受欢迎不仅仅是女作家的光环,更有她的语文教得好的原因。

有一次,我去苏州时见到了她。她向我娓娓道来她办煮雨写作工坊的初衷,兴致勃勃地讲如何引导孩子们爱上阅读、爱上写作、爱上文学。从她眼睛镜片后闪烁的光芒中,我捕捉到了她做的文学教育工作和我这些年从事的创意写作教育有异曲同工之处。她相信写作是可以教的,学生的文学激情一旦被点燃,就能引发写作的烈火。她坚持认为写作是有规律的,但这个规律需要拥有丰富创作经验的人"润物细无声"地传递给孩子们。这不正是创意写作的基本理念吗？不同的是,研究者大多是从国外的创意写作学著作中认知的,她则是从自己的写作与教学实践中感悟到的。

今年春天,我有幸读到了这些年她为教孩子们阅读和写作所做的40多万字的读书笔记以及备课教案。阅读过程中,我再次强烈地感受到她所做的工作就是在实践青少年创意写作教育。创意写作向中小学下沉,是这几年我们一直想要倡导和发展的方向。中国创意写作要真正繁荣兴旺,势必走中小学贯通的路子。说实话,我也看了市面上不少打着青少年创意写作招牌而实则是作文训练的书籍。我曾经开玩笑说,创意写作的敌人不是反对创意写作的人,而是打着创意写作旗号糟蹋创意写作的人。我也一直在琢磨如何在中小学推广创意写作的理论和可行性实操的问题,也搜集了不少美国和日本中小学创意写作教学的资料,访问和请教过多位在中学开展创意写作的朋友,向他们了解中小学开展创意写作的状况,还在一些刊物上推介过中小学创意写作。但是,究竟如何在青少年中开展创意写作呢?我是没有把握的。直到读到燕玉梅的青少年文学阅读与写作教学讲稿,我感到找到了好样本。

《煮雨青少年创意写作》提供了一份对话实录,尽可能还原了写作导师和学员的写作现场。在这本书里,所有的写作观念、写作技巧甚至导师带头完成的写作练习,都是这五六年来,导师和学员写作日常的浓缩与定格,用时尚的话说,这是青少年写作教学的课堂写真集。比如创意写作教你写作的"第一招"是写你熟悉的、身边感动你的真实的人和事。它毫无顾忌地打破了记叙文、议论文和说明文这三种限制性的教学文体界限,跨界地引导学员写下自己的故事和思考,在阅读和创造性的写作中,进一步呵护自己的好奇心,同时也在整理自己的思路,记录下生活激发和提醒孩子们的一切故事,让写作真正发生,让写作成为孩子们生活与生命的有机组成。

本书的写作理念，重在引导每个青少年如何审视自我，如何熟练掌握思维操练的方法，如何创造性地书写个体世界，然后努力去回答更宏大的命题。当然，这一切的前提都要抛开套路作文的陈词滥调，去辨析自己更敏感、更独特的内在声音。

这种一以贯之的理念，就是阅读比盲目多写更重要。阅读对一个人的影响是最直接的，而且也是相对正向的。因此，每一讲写作课提及的案例皆会涉及到名家名篇，这些经典文本，无论从语言表达的丰富性还是意义的厚重感来说，都是我们学习的范本，教你如何从作家的经典作品中"偷"写作之艺，即所谓的创意阅读。当然，我们也要明白，写作技巧、方法这些技术层面的东西导师可以给你，但审美层面的东西，只有文学经典能给你。《煮雨青少年创意写作》巧妙地处理了技巧与审美，作文与写作的区别和联系，这是难能可贵的。

大道至简，创作之道也不例外。创意写作看似有盘根错节的方法，但从根本上讲，这些写作思维方式都是互相连接、互相打通的。真正的打通就是要我们回到写作实践，导师和学员一起写作，把这些从书本上学到的概念、范式、理论运用到新的写作实践中。当然，写作之前有很多基础工作要做，最重要的就是观察。写出有画面感的文字就少不了观察，而观察力也是第一学习力。汉语词汇"聪明"顾名思义就是耳聪目明，强调的正是一个人非凡的观察力。创意写作也好，作文教学也罢，并不是非此即彼的区隔，它们是可以共融互进的。在青少年中开展创意写作，并不是要反对作文教学，创意写作可以更好地促进中小学的语文教育，有利于提升作文教学。

从创意写作本体上讲，无论何种写作理念和模式，写作还是要回到自身，从自己的经历出发，挖掘一切情绪的由来，思考自己为什么会快乐，会愤怒，会黯然神伤，会怅然若失……思考自己的局限在哪里，识别自己的生活感受，从而去绘制自己的创意写作地图。这是写作之根，是创意写作之道，也是煮雨青少年创意写作之魂。

以上是我读《煮雨青少年创意写作》的一些粗浅感受。自然，该书的美妙有待读者在燕玉梅的带领下领略。我相信，越来越多的青少年会因此结缘，自觉走向妙不可言的写作之途，走进属于你和我的缪斯之门。

是为序。

张永禄

上海大学中国创意写作研究院

2023 年 6 月 28 日

目录

前　言　写作是一场华丽的创意之旅　　　　　1

第一单元　写作也可以玩跨界

第一讲　写作中的画面感　　　　　　　　　　3
　一、让你的句子被"看到"　　　　　　　　3
　二、画面感的构图大法　　　　　　　　　　4
　写作练习　　　　　　　　　　　　　　　　8

第二讲　写作中的节奏感　　　　　　　　　　12
　一、写作节奏就像音乐节拍　　　　　　　　12
　二、绘制节奏的金线　　　　　　　　　　　13
　三、行文节奏要"紧打慢唱"　　　　　　　15
　写作练习　　　　　　　　　　　　　　　　16

第三讲　写作中的意外感　　　　　　　　　　19
　一、意外和反转的魅力　　　　　　　　　　19

二、打通写作"任督二脉" 20
 三、"顺瓜摸藤"才能另辟蹊径 22
 写作练习 28

第四讲　写作也用慢镜头 29
 一、慢镜头聚焦精彩瞬间 29
 二、慢镜头定格细节亮点 30
 三、慢镜头写作三步走 31
 四、用文字抓拍慢动作 32
 写作练习 36

第五讲　感受万物的韵律 37
 一、人人心中有一幅画 37
 二、自然万物皆有位序 40
 三、韵律藏在一枝一叶间 41
 写作练习 42

第六讲　感知力比盲目多写更重要 43
 一、"敏感"是神赐的礼物 43
 二、感知训练的五个抓手 45
 写作练习 48

第二单元　写作神器，你值得拥有

第七讲　具体与抽象是铜板的两面 51
 一、具象化让抽象"现原形" 51

二、抽象与具象的自由转化　　53
　　三、抽象与具象要团结协作　　55
　　写作练习　　57

第八讲　意象是意境的零配件　　58
　　一、要善于"观物取象"　　58
　　二、美学"三胞胎"　　59
　　写作练习　　61

第九讲　精辟比喻让人拍案叫绝　　62
　　一、形不似而神似的好比喻　　62
　　二、用暗喻避免比喻"老化"　　65
　　写作练习　　66

第十讲　通感的特异功能　　67
　　一、通感打破语言局限　　67
　　二、通感是诗意的催化剂　　68
　　三、让感觉"乾坤大挪移"　　70
　　写作练习　　72

第十一讲　细节与描写的组合拳　　73
　　一、生活中的耀眼细节　　73
　　二、描写要"淡妆浓抹"　　75
　　三、写作有些"心机"又何妨　　78
　　写作练习　　81

第十二讲　给写作思维插上翅膀　　　82
　　一、想象力比知识更重要　　　82
　　二、四招让你走出思维泥潭　　　85
　　写作练习　　　88

第三单元　写作和记忆的神秘关系

第十三讲　回忆是写作素材宝库　　　91
　　一、作者必备的三个仓库　　　91
　　二、充实素材"弹药库"　　　91
　　写作练习　　　98

第十四讲　动物叙事的妙趣　　　99
　　一、动物是儿童文学的主角　　　99
　　二、玩转动物的动态速写　　　100
　　三、叙事要呈锯齿状　　　101
　　写作练习　　　104

第十五讲　限量版的童年碎片　　　105
　　一、找回童年的稀世珍宝　　　105
　　二、创新才能"走花路"　　　108
　　三、至情至性写实境　　　109
　　写作练习　　　110

第十六讲　一张照片开启一个故事　　　111
　　一、取景框以外的故事　　　112

二、从第三视角记录　　112
　　三、写作就要"搞事情"　　113
　　写作练习　　116

第十七讲　像摄影一样去写景　　117
　　一、用摄影构图法写景　　117
　　二、不要孤立地描述事件　　118
　　三、让风景"流动"起来　　119
　　写作练习　　122

第十八讲　写游记就像坐过山车　　123
　　一、过山车结构放大旅程亮点　　124
　　二、像开盲盒一样制造惊喜　　128
　　写作练习　　130

第四单元　写作也需要设计

第十九讲　语言描写的魔力　　133
　　一、语言尽显人物情态　　133
　　二、独白是沉淀，对话是交流　　136
　　三、好对话是设计出来的　　138
　　写作练习　　141

第二十讲　细节是人物形象的放大镜　　142
　　一、把细节放映给读者看　　142
　　二、不放过细节微表情　　144

三、细节是写作的点金之术　　144
　　写作练习　　147

第二十一讲　冲突是看热闹不嫌事儿大　　148
　　一、故事意识从何而来　　148
　　二、没有冲突也要创造冲突　　148
　　三、冲突的导火索　　151
　　四、情节冲突的叙事弧　　154
　　写作练习　　158

第二十二讲　如何让笔下的人物立起来　　159
　　一、没有人设的人物不是好人物　　159
　　二、人物都是有"阴影"的　　160
　　三、让人物演好自己的角色　　164
　　写作练习　　165

第二十三讲　营造合理的时空环境　　166
　　一、时空环境让主题现形　　166
　　二、营造时空环境的独门暗器　　167
　　三、环境不是装饰品　　168
　　写作练习　　170

第二十四讲　听说讲故事有公式　　171
　　一、好莱坞编剧的故事公式　　171
　　二、像剥洋葱一样设置冲突　　173
　　三、给故事添加调味料　　175

写作练习　　　　　　　　　　　　　176

第五单元　落花水面皆文章

第二十五讲　解锁日记写作的密码　　179
  一、用细节去速写日常　　　　　180
  二、让日记收藏你的白日梦　　　184
  三、变身日记达人　　　　　　　185
  写作练习　　　　　　　　　　　186

第二十六讲　读后感是心灵的对话　　187
  一、初阶版：写综述　　　　　　188
  二、进阶版：亮出自己的立场　　188
  三、高阶版：提出问题并解决问题　189
  写作练习　　　　　　　　　　　193

第二十七讲　写童话并不是"小儿科"　194
  一、好童话可以从三岁读到九十岁　194
  二、童话写作的魔法杖　　　　　196
  三、现实是童话故事的内核　　　198
  四、童话王国的角色扮演之旅　　199
  写作练习　　　　　　　　　　　200

第二十八讲　故事是道理的糖衣　　　201
  一、故事比道理更有生命力　　　202
  二、故事"种子"从何而来　　　　204

三、怎样生长出新故事　　　　　　　　　208
　　写作练习　　　　　　　　　　　　　　214

第二十九讲　人人都会写影评　　　　　215
　　一、列出准备工作清单　　　　　　　　216
　　二、像影评人一样看电影　　　　　　　222
　　三、从万花筒般的镜头里找论据　　　　223
　　写作练习　　　　　　　　　　　　　　230

第三十讲　将写作力转化为考试力　　　231
　　一、作文与写作的区别　　　　　　　　231
　　二、写作要一箭命中靶心　　　　　　　233
　　三、写作的十八般武艺　　　　　　　　234
　　四、写作就像盖房子　　　　　　　　　235
　　写作练习　　　　　　　　　　　　　　240

后　记　　　　　　　　　　　　　　　　241

前言　写作是一场华丽的创意之旅

前些年，作文培训行业如火如荼。在那个风起云涌的时代，曾横空出世过诸多流派，也冒出过很多新鲜的概念。我去上海、南京、济南、北京等城市参加过不少民办教育展会。各大展会上，作文课程加盟品牌如雨后春笋，现场热血沸腾的客服人员会信誓旦旦地承诺，加盟他们的配套课程，只需集训三天，新手老师就能登台讲课。看到那些魔幻的场面，我心里很不是滋味。因为数学、英语老师可不是三天就能培养出来的，但作文老师在他们那儿却能速成。究其原因，正是因为在很多人眼中，教学生写作文的门槛是极低的。乱象丛生背后的真相却是作文既难写又难教。

很多语文教师坦言自己的写作能力有限，紧张的教学安排也导致他们没时间在写作、阅读上花工夫。可是，这些不善写作、没有精力大量阅读的人却在指导学生写作。正因如此，作文教学的生态宛如一潭死水。

除此之外，有些家长仍被困在固有观念里，依然认为作文只不过是语文试卷的那道大题而已。很多人只注重结果，也就是作文分数。于是，那些作文培训课程就成了香饽饽，学生们陷入套路、堆砌辞藻、摘抄好句好段的怪圈。如此一来，"填充式的馅饼作文"就这样批量生产出来。

  我从事写作教学多年,前后接触过上千个中小学生,也见过不少怪现象。学生之间流传的依然是那句"窖藏"的顺口溜:"中小学生有三怕,一怕文言文;二怕周树人;三怕写作文。"最让人心酸的就是有些写作能力相对薄弱的学生,在考试前会预先去背诵一些所谓的优秀范文,考试的时候只能拼运气,撞上相似的作文题目,就把背熟的作文内容套用上去。这种应急手段,某种程度上是败坏了学生写作的胃口,磨灭了学生的个性和创造力。而有些老师平时让学生练习的作文题目,也有脱离实际的现象。命题本来就没有多大趣味,学生在任务面前只能逆来顺受,硬着头皮去拉车。这种疲劳写作,只能让学生对写作越来越惧怕。

  本书始终贯穿的理念是,不光要引导学生怎样阅读、如何写作,还要在写作中找点乐子。让学生丢掉铺天盖地的作文参考书、满分作文集锦、老套而缺乏活力的万能素材,不做牵线木偶人,真正做到"读书养性,写作练脑"。

  新课改在阅读方面有明确的指示,要让学生有选择、有自由度地去阅读,从而拓宽阅读视野。新课标对中小学生的阅读积累、写作能力也提出了更高的要求。最直观的就是,小学生语文作文的要求加上了醒目的四个大字——禁止套作。也就是说靠框架打样、套路模仿、空洞抒情去写作文的老路行不通了。尤其是那些需要阅读"打底"的命题,更是要综合考查学生的阅读积累、写作表达力和思辨能力。

  话说回来,每个人的能力有所不同,写作对学生来说并非易事。作家余华说过,写作就是要"让你的屁股和椅子建立起深刻的友谊",写作对中小学生来说难度是毋庸置疑的。我看有些二三年级的学生,也许连标点符号的使用方法都还没弄明白,就要写作文了。几岁的孩子,让他们安静坐上个把小时,无疑是一种酷刑。

现如今,阅读和写作板块占了语文试卷的"大半壁江山",阅读已成为刚需。很多青少年阅读和写作的第一驱动力便是考试。前几年,我经常去各大中小学做阅读、写作讲座,看到学校的阅览室、图书馆、阅读角的书架上都摆满了各类书籍,学生除了阅读老师布置的必读书目之外,每天都能抽时间阅读课外书。我明显感觉到学校、家庭、社会对阅读这件事越来越重视。不像我小时候,读小说似乎是大逆不道的事情。班主任总是瞅准课间操的时间,去我课桌里没收看了一半的小说,这一度是我青少年时代的噩梦。

阅读是输入,写作是输出。我认为学生三至八年级是阅读的黄金时期,接下来青少年阅读的时间就会被成堆的教辅书压榨殆尽。所以,《煮雨青少年创意写作》以经典作品作为一支包浆的拐杖,只为引导孩子拄拐前行,去发掘阅读的主动性和写作的创造性。

燕玉梅

2023 年 5 月 18 日

第一单元

写作也可以玩跨界

第一讲｜写作中的画面感

> 多记印象，少谈主见。
> ——托马斯·哈代

一、让你的句子被"看到"

可以说，我们的写作都是从看图写话开始的，那是个画面加文字构成的世界。反过来讲，我们的写作其实就是力求营造出画面感来。最著名的看图写话或者是看画写文章的例子就是范仲淹的《岳阳楼记》，这篇千古流传的文章是根据一幅画——《洞庭晚秋图》创作出来的。

讲这个岳阳楼的例子是想告诉大家，写景的文章不是你提笔就要开写，动笔之前，你得预先构图。以杜牧的诗作《山行》为例：

> 远上寒山石径斜，白云生处有人家。
> 停车坐爱枫林晚，霜叶红于二月花。

此诗描绘诗人秋日山行所见的景色，诗人在作诗之前，心中已经徐徐展开了一幅动人的山林秋色图。作者将要描绘的画面里要有哪些元素呢？山路、白云、人家、红叶，这些景色构成了一幅和谐统一的画面。这些能体现自然美的具体形象，必须得先进入诗人架构的那个创作画面,才能做到后面的融情于景。

相信诗人杜牧一定是懂美学的,通过这首诗作,他其实教给我们一种高级构图法。"远上寒山石径斜",这是一种"S"形构图,你可以试着在稿纸上画一画这首诗。

你会发现"S"的形状从诗人(观察者)眼前向远方延伸,斜斜地往上看,目光一直延伸到白云深处。这样的视角能够最大限度地营造出空间的纵深感。大家再想一想,生活中哪些东西能呈现出"S"形的构图呢?盘山公路、弯弯曲曲奔涌向前的河流、起伏的山脉,甚至连竹篱笆上丝瓜秧延伸的触丝等都具有这样的美感。

综上可以得出这样的结论:杜牧这首诗之所以大放异彩,不是因为辞藻华丽,而是杜牧有一个"撒手锏"——使用了"S"形构图法。这就使诗句有了极美的画面感,又符合形式美法则。我们在读《山行》这首诗的时候,脑海里也会浮现出一幅美妙的画面,这就是诗词作品的魅力。

总的来说,写作中的"画面感"其实包含两层含义:一是写作之前别急着动笔,你要在脑海里先构图,这样写作的时候心里才有谱;二是指真正好的文字、好的作品、好的文学就是要在读者的脑海里留下一幅深刻隽永的画面。

二、画面感的构图大法

并不是说只有大师级的作家才能营造出画面感,遵循以上两点来写作,你也可以营造出绝妙的画面感。

假如现在是春天,一切都是生机勃勃的、充满希望的。如果你以《寻找春天》为题来写作,就可以先去勾勒你脑海里的那幅春日风景图。

具体怎么做呢？

首先，别拿起笔来就写。很多同学一看到这种自认为熟悉的、写过无数遍的题目，脑海里仿佛马上就会"啪"地打开一个开关，那些记忆库里存储的好词好句好段就挤出来了，然后就会机械地写下"春姑娘深情款款地走来了"或者"春姑娘笑盈盈地在大地上奔跑"。虽然你用了拟人的修辞手法，但这不是你心里自发流淌出来的句子，这是你背出来的句子，不是你最生动的创意。不要着急，此刻，你的身份还不是一个写作者，你暂时要把自己当成一个观察者。

其次，站在观察者的角度，你的眼前放置着一个画框，你要想接下来要把哪些春天的景物"抓"进这个画框里来呢？家门前哗哗流淌的河流，在春风里一点点苏醒的树木、花草，呢喃的燕子，竞相开放的春花，郊野里、公园里踏青的人们……这些元素都可以用来装点你的春日画框。但是要注意，在这个画面里，把谁放置在中心位置、谁来衬托画面的主体部分得有妥当的安排。也就是说你找到的素材要彼此关联、彼此帮衬，不能各自顾各自的，否则画面就没了主题，写出来的文章就会凌乱。

以大家都很熟悉的杜甫的诗作《绝句》为例：

两个黄鹂鸣翠柳，一行白鹭上青天。

窗含西岭千秋雪，门泊东吴万里船。

"诗圣"杜甫框架构图的方法在这首诗里完美地呈现了出来：黄鹂、翠柳、白鹭、青天、积雪、船只都进入到了这首即景诗的画面。黄鹂是"两个"，白鹭是"一行"，诗人观察得很具体。

从诗作中还可以看出"诗圣"的美学功底也很深厚，以"黄"衬"翠"，以"白"衬"青"，色彩鲜明，这就使得初春的画面灵动斑斓。

当然，说到写作中的画面感，画面的内容可以丰盈一些，也可以精简一些。写作中，我们也有自由选择的权利，可以说是"丰俭由人"。你可以采用极简留白构图，剔掉画面中主体之外的元素，使画面呈现极简风，留出大面积的空白，这样更容易突出主体。就像拍照，有时候你为了突出风景，就只拍出了自己一个小小的背影；有时候，你给自己来个精致大特写，背景都虚化，做一个模糊处理后，就更能凸显画面中人物的神韵。这种构图就极具冲击力。

以柳宗元的诗作《江雪》为例：

千山鸟飞绝，万径人踪灭。
孤舟蓑笠翁，独钓寒江雪。

这首诗采用的就是"极简留白构图法"。鸟、人都不见踪影，千山、万径都被白雪覆盖，在视觉上呈现出大面积的留白，只剩下在寒江之上孤舟独钓的老翁。

我们读完这首诗，已经能想象出这幅唯美的极具视觉冲击力的画面。柳宗元仅仅用了 20 个字，就给我们呈现了一部经典的冬日电影短片。

讲到这里，大家难免会有疑问：怎么老师讲的都是古诗文里的画面感呢？我们来读一读现代作家朱自清的一篇散文——《荷塘月色》，它作为现代抒情散文的名篇，因收录进语文教材而广为人知。

第一单元 写作也可以玩跨界

沿着荷塘,是一条曲折的小煤屑路。这是一条幽僻的路;白天也少人走,夜晚更加寂寞。荷塘四面,长着许多树,蓊蓊郁郁的。路的一旁,是些杨柳和一些不知道名字的树。没有月光的晚上,这路上阴森森的,有些怕人。今晚却很好,虽然月光也还是淡淡的。

"沿着荷塘,是一条曲折的小煤屑路。"这里采用的就是"S"形构图法,纵深的空间感跃然纸上,有一种独特的美感。"这是一条幽僻的路;白天也少人走,夜晚更加寂寞。"简单地讲了白天和夜晚的境况,这就是极简留白构图,与"千山鸟飞绝,万径人踪灭"有异曲同工之妙。

曲曲折折的荷塘上面,弥望的是田田的叶子。叶子出水很高,像亭亭的舞女的裙。层层的叶子中间,零星地点缀着些白花,有袅娜地开着的,有羞涩地打着朵儿的;正如一粒粒的明珠,又如碧天里的星星,又如刚出浴的美人。微风过处,送来缕缕清香,仿佛远处高楼上渺茫的歌声似的。这时候叶子与花也有一丝的颤动,像闪电般,霎时传过荷塘的那边去了。叶子本是肩并肩密密地挨着,这便宛然有了一道凝碧的波痕。叶子底下是脉脉的流水,遮住了,不能见一些颜色;而叶子却更见风致了。

这一段文字,运用了色彩、光影、声音等相关元素,视觉、嗅觉、听觉、触觉效果也都呈现出来了。

作者细致地去描写荷叶、叶子中间的白花(开着的、没开的)是什么样子,呈现的都是具体的描写。用明珠、星星、美人这些美丽的具象来形容白花,让读者产生共鸣。没有用抽象的"太美了"这样的形容词去概述,因为形容词"美""漂亮",副词"很""十分""特别"都是抽象的概述,这些词很难让读者感同身受地获取作者的这种感知。只有通过场景描述,才能让读者获得具体可感的信息,不然会有一种"空口无凭"的无力感。

我们在写人的时候,通常要刻画人物外在的形象,这时候画面感也大有用场。你想写你们班的钢琴王子,不用苍白无力地写他琴技多厉害、他考过了十级这些太抽象的东西。给他一个"画框"或者说"舞台",让他在这个"舞台"上演奏一曲就可以了。他弹奏曲子时的画面,他那在黑白键上如白鸽一样跳动的手指,台下听众的反应等都是一帧帧画面,把这些画面有序地"拼接"起来,我们就能感受到钢琴王子的非同凡响。

总之,写作中要想办法去增强视觉感,就是增强画面感。因为颜色、形状这些东西可以直接让人看到、感受到。骆宾王在《咏鹅》中的"白毛浮绿水,红掌拨清波"便充分地证明了这一点。写作中有了画面感,才能让读者和你感同身受,甚至有相见恨晚之感。

写作练习

著名评论家、散文家李敬泽在《跑步集》序言里写道:"文学就是要把大地上各种不相干的事情,各种风马牛不相及的事情,各种像星辰一样散落在天上的事情,全都连接起来,形成一幅美妙的星图。"

在我的春日图景里,我不想再去讴歌春天、春树,我想从舌尖出发,去寻找春天。这是我的观察和体验的角度,那么你呢?

春天最适合做回"食草动物"

江南的春天都是掐回来盛在盘子里的。春日里的这一把鲜绿,让我们被浓油赤酱撑麻木的胃,渐渐苏醒。

春天,是最适合做回"食草动物"的。尤其是在江南的春天里,听到"马兰头"三个字儿,神经就会咔嚓一下弹起来,那香那绿真真儿在眼前一叶一芽勾勒,舌尖味蕾各种通感一起来了。

来杏花春雨的江南之前,"马兰头"对我来说,还是个异常陌生的名词。在卖菜妇人的筐子里,见到这种不知名的植物,我有一个疑问,这是什么草?抓一把轻嗅,一股奇异的清香里还夹带着丝丝凉气,有点像薄荷或者我小时候在老家吃过的荆芥。我估摸着这玩意儿定是和茴香、荆芥、香葱那般,只能当香料食用。后来在饭店里吃到一种细碎的凉菜,原来这一抹深绿(汆水后颜色就深了)就是大名鼎鼎的马兰头啊!这道菜的出现,才是江南春天一场宏大的开场白。

去长江边偶然的一次踏青,见到很多拎着竹篮猫着腰在干枯的芦苇丛里寻寻觅觅的妇人,才知道她们寻的宝,正是这种叫马兰头的春菜。现在,菜摊上卖的葱绿肥大的马兰头,多半是蔬菜大棚里种植出来的。而上好的野生马兰头,则是在长江滩涂的苇荡里、春风里摇曳着的。这种野生马兰头,色泽没那么油绿,叶子略带绛红,闻起来香味更浓郁,也更能咀嚼出春天的味道。

说起春菜,香椿也不可不说。不吃碟香椿,怎么对得起春天?凭我的个人情愫,香椿定要排在榜首的。那么,既然是写江南的春菜,还是低调地让一让。

香椿芽在枝头绽放的那一刻,就标志着春天真的来临了。香椿是春菜的前奏曲。它的到来,让鲜灵灵的春天出奇的美好。

香椿是"树上的蔬菜",只取椿树的嫩叶部分食用。头茬椿芽最为上品,所谓"头茬俏二茬要三茬四茬没味道",正是这么个理儿。

我骨子里始终认为香椿和鸡蛋才是原配。掐一把嫩香椿头,芽叶欲说还休,香气撩人,入开水轻焯,梗叶碧如翡翠,细细切之,下香油数滴,加鸡蛋碎翻炒。多么赤诚的诱惑!尝一口,那滋味,和眼前的春日一般令人悸动。

笋,真的是一种神奇的所在。不管是冬笋、春笋还是笋干、笋衣,都是那么的有滋味。暂且接住滴答的口水,让我们来说说春笋吧!

立春之后迎来春笋季,春笋贼溜溜地探头探脑来打量这个缤纷又陌生的世界,小样儿相当撩人。宽衣解带扒开笋衣,就露出洁白细腻的笋肉,我特别爱听春笋壳在手里被小刀划开的声音。"噗"的一下笋就开了,轻簌簌的,脆生生的。春笋含有大量草酸,因此,食用之前须焯一遍水,滤去过多的草酸,这一步还可以去掉春笋些微的涩麻味。接下来,是笋炒肉还是炖一锅腌笃鲜,就看你的心情了。

我有个毛病就是挑食。萝卜的存在,对我来说完全是多余,但萝卜缨子除外。萝卜缨子,也许叫萝卜苗更为恰当。萝卜苗最美味的时候,是根部还没长出小萝卜的时候呢!头一回吃这道菜,是在湖南的婆婆家。湖南人称之为"萝卜菜",清炒一碟,它的味道完胜鸡毛菜或者苏州青、上海青之类的绿叶蔬菜。

从小心怀大梦——有朝一日,能拥有一块地,撒满萝卜籽,那么,一到春天,就能收获一筐一筐的萝卜缨子。

辛弃疾先生无疑是荠菜的头号粉丝,有诗为证:"城中桃李愁风雨,春在溪头荠菜花。"辛老先生挖荠菜,定是错过了好时节,看吧,都开花了。可是,又有什么关系呢?这丝毫不影响大诗人对荠菜的爱。既然爱它,就要爱它水灵鲜嫩时的脸庞,也要爱它花之殇背后的苍凉。

听说荠菜能明目,这便是吴人称它"亮眼花"的缘故。用眼过度的时代,多吃点荠菜吧!

上面的几种春菜,给人一种十足的野味感。那么莴苣在我心中,则自带"居家贤惠风"。在我老家,莴苣不叫莴苣,叫莴笋。它真的是一种笋嘛!我这么火急火燎的性格,最喜欢干的事儿,竟然是削莴笋皮。把粗硬的莴笋皮一条条削下来,细嫩的笋肉泛着新鲜细腻的光泽。削莴笋皮极需要耐心,只求快的话,莴笋肉就遭殃了。我之所以有这么一个奇葩的爱好,就是觉得这件事儿很治愈。

话说回来,不管是凉拌莴笋丝还是莴笋炒肉炒蛋,都没有丝毫寒酸感。莴笋炖鸡炖排骨更是一绝,质地软烂的莴笋,分外清甜,在"高贵"的肉类面前,个性十足,毫无卑微感。而江南名菜腌笃鲜里,竹笋和莴笋往往会同时出现。二笋的混搭,别有一番滋味。

甚为搞笑的是,很多人始终执拗地认为多吃莴笋对眼睛无益。这简直太冤枉莴笋了,感谢你们不跟我争抢这美味的食材。追过《舌尖上的中国》的吃货们,一定不会忘记那条著名的火腿——诺邓火腿。主人可是拿细细切就的莴笋片搭高大上的诺邓火腿的耶!

好吧,你们就继续迷信吧!直到此刻,才觉得我这个莴笋控来对了地方,哪怕冻死在江南的春天里,也心甘情愿!

第二讲 ｜ 写作中的节奏感

整个宇宙都建立在节奏的基础上。

——约翰·哈特福德

一、写作节奏就像音乐节拍

听一段钢琴曲，能感受到乐曲的快慢变化、强弱交替以及旋律的急促或延长。唱歌的时候，节奏感也很重要。旋律把握得好，可以让听众更好地捕捉、感受曲子的韵律、韵味和情绪表现。

节奏感不仅仅只是存在于音乐中，我们说话、演讲、跳舞、跑步，都得把握好节奏。而在写作中，把握好节奏也很重要。节奏感无处不在，如果你现在静心聆听自己的呼吸、自己的心跳，是不是就很有节奏？此刻，你还可以想象自己是在院子里上写作课。说到这里，我简直太羡慕孔子的学生们了，孔子给学生讲课教授六艺——"礼乐射御书数"时，就是在户外教学。《庄子·渔父篇》载：孔子游乎缁帷之林，休坐乎杏坛之上。弟子读书，孔子弦歌鼓琴。什么意思呢？孔子的学生不像我们只能坐在教室里听课，孔子带着弟子们去杏林里读书写作，简直太惬意了。为什么说我很羡慕古人在大自然里上课呢？因为可以聆听大自然的声音，风吹过树梢的声音、鸟鸣声、溪流声、雨打芭蕉的声音、潮起潮落的声音……当然，麻雀的"叽叽喳喳"、布谷鸟"布谷布谷"的叫声和飞燕的呢喃,节奏也是不一样的。

　　去过海边的同学,此刻闭上眼睛,一定还能回想起海浪冲刷沙滩的声音,海鸥掠过海面的声音,帆船汽笛的声音,这些声音是不是都有其内在的节奏?

　　白居易在《琵琶行》里写:"大弦嘈嘈如急雨,小弦切切如私语。嘈嘈切切错杂弹,大珠小珠落玉盘。"音乐的舒缓与急切,和自然界中雨滴的声音,产生了一组绝妙的联想,这就是节奏感在写作中的运用。

　　由此可见,生活中我们所见所闻的事物,都有着它内在的律动,都有它的节奏。并不是说只有文学、音乐这些看上去高大上的艺术才存在节奏感。我们走路、说话、吃饭、喝茶,连哭和笑都有自己的节奏。有的人说话像机关枪一样扫射;有的人说话慢吞吞的;有的人走路健步如飞;有的人走路不疾不徐……所以才会说艺术来源于生活,而写作也是一门艺术,写作当然也是和生活息息相关的。在生活中多留心,多观察,一定会收获累累硕果,而这些收获就可以成为写作的灵感源头。

二、绘制节奏的金线

　　试着去描述一个人哭泣的样子,可以是身边的熟人,也可以是印象深刻的影视作品里的人物,注意去描述他/她哭泣的节奏,这极有可能会形成他/她的显著特点。

　　比如你写幼小的妹妹发脾气哭泣的场景:她问妈妈要糖吃,妈妈说吃太多糖会蛀牙,妹妹没达到目的,就委屈地哭起来。她气鼓鼓地撅起小嘴,眨巴几下眼睛,想把眼泪憋回去。眼泪还是顺着她白嫩的脸颊滑落下来。我走过去安慰她,这时"嘤嘤"的声音大了些，我的安抚似乎放大了她的悲伤，哭声越来越大，越来越响。妹妹尖利的哭声冲破窗户，把户外香樟树树上的鸟儿都惊散了。妹妹的这一记绝招让妈妈招架不住，只能妥协投降，起身去高柜上的零食盒里拿来一个草莓味儿的棒棒糖，剥开糖纸递给妹妹。看来，会哭的孩子不仅有奶吃，还有糖吃。妹妹破涕为笑，贪婪地吮吸着糖果，连小脸儿上的泪珠也顾不上擦了。

　　此处关于妹妹的哭泣描写得也是层层深入、推陈出新啊！而且哭得很有节奏，很有技巧。我没有像大多数同学那样写"妹妹哇哇大哭"，因为如果笼统地去写，就没办法把刁蛮任性的小公主的这一场哭泣有节奏感地表述出来。真正精彩的描写是你的笔尖似乎装有一个神奇的放大镜，能放大每一处不可错过的细节。

　　上面我写的那一段描写妹妹哭泣的文字，其实用了一组慢镜头：起始（妹妹为什么哭）—推进（哭泣的演进过程）—高潮（炸裂的哭声，伤心至极）—回落（要到糖，得偿所愿之后）—平息（吃糖，忘记一切不愉快），这就是写作节奏的线路图。

　　任何事物的发展都是有一个过程的，得遵循循序渐进的规律，少一点突兀的、急转直下的情况出现。这就好比饭是一口一口吃的、伤口是一点一点愈合的、花是慢慢开放的、太阳是冉冉上升渐渐下沉的。这是万事万物的内在密码，也是我们写作的秘籍。

　　在心中绘制一条节奏线路图，不是真的让你画图。作为写作者，你要知道事情的发展趋势或事物的发展规律。写作一定要注意节奏，堆砌一通华丽的词语是没法感动读者的。有些同学写作的时候，词语都是四个字儿地往外蹦，还觉得自己特别厉害，积累很多，但写出来的文章却很空洞，读起来让人觉得有些矫揉造作，这有可能就是节奏感缺失留下的后遗症。

三、行文节奏要"紧打慢唱"

先来一起欣赏作家朱自清的《春》,这是中学语文课本里的名篇。老一辈作家营造的节奏让人身心愉悦,他们有强大的诗词功底,写作中也很讲究行文节奏。

> 盼望着,盼望着,东风来了,春天的脚步近了。
>
> 一切都像刚睡醒的样子,欣欣然张开了眼。山朗润起来了,水涨起来了,太阳的脸红起来了。
>
> 小草偷偷地从土里钻出来,嫩嫩的,绿绿的。园子里,田野里,瞧去,一大片一大片满是的。坐着,躺着,打两个滚,踢几脚球,赛几趟跑,捉几回迷藏。风轻悄悄的,草绵软软的。
>
> 桃树、杏树、梨树,你不让我,我不让你,都开满了花赶趟儿。红的像火,粉的像霞,白的像雪。花里带着甜味,闭了眼,树上仿佛已经满是桃儿、杏儿、梨儿。花下成千成百的蜜蜂嗡嗡地闹着,大小的蝴蝶飞来飞去。野花遍地是:杂样儿,有名字的,没名字的,散在草丛里,像眼睛,像星星,还眨呀眨的……

朱自清这段写春天的文字有一种特别的美感。这段文字之所以精妙,就是因为其超强的节奏感。春天不是一惊一乍地跳到我们面前来的,"小草偷偷地从土里钻出来,嫩嫩的,绿绿的。"原来,春天是悄悄地来的,是在不知不觉中到来的。这种对季节的独到的把握,是建立在观察之上的。

有一个同学曾经这样写:春风是一位魔法师,看,它对河边的垂柳施魔法啦!那些褐色的毫无生气的柳枝,一天一天变了色：鹅黄、嫩绿、翠碧。听，柳枝在春风里欢快地跳起了华尔兹，"沙沙沙"，它边笑边跳，一整个解冻的泛着粼粼波光的河面，就是它的舞台。

春风中的垂柳，是一点点焕发生机的。柳叶的颜色一天天在变化，这样去写，节奏感就把握得很到位。

写作的节奏，就像我们跑步时的呼吸，可以舒缓，可以急促，但步调不能乱。一篇文章的行文节奏的本质其实就是作者情感变化的轨迹，要合乎情理，不能一惊一乍，否则容易自乱阵脚。

写作练习

古诗文里有大量写秋天的诗作，我们也可以试着去写一写秋天。可以通过以下的分解动作来构思你的写作，我们可以把这个过程称作"思维训练体操"。把观察到的秋日的风景（自然的、人文的）抓进你的取景框，然后加上丰富的想象和联想，有条理地写下来。要想展现秋日的美好，我们首先想到的是什么呢？

1. 眼睛看到的

五颜六色的菊花、细碎的桂花、稻田的色彩、水果摊上的橘柚色、着装的变化、发黄的树叶、清甜的水果……

2. 鼻子闻到的

桂花的香甜、石榴的酸甜、栗子的甘美、大闸蟹的鲜香……

3. 嘴巴尝到的

去用心品尝属于秋天的美食，有人觉得秋天的空气是温热清甜的（触觉、味觉都出来了）。

4. 耳朵听到的

把耳朵听到的声音和想象的情境描述出来。

5. 皮肤感受到的

秋风有什么特点？可以做比较，夏天的风和秋天的风呈现出来的力道、温度，你的个人感受有何不同？秋天的雨和夏天的雨，又有什么区别？

6. 写作一定要有一个中心

写作的中心要从一而终，且只能有一个中心。不能三心二意，一会儿想表达这种想法，一会儿又想表达那种看法，这样就会乱套。你写的所有东西，都要时刻想着只为这一个中心服务，"朝秦暮楚"可不行。例如：

> 秋后，蒲苇的叶子萎靡了。它们越来越枯，越来越黄，一点儿一点儿耷拉下去了。蒲苇棒没动，却挺立了出来。远远地望过去，茂密的蒲苇丛里全是直立的蒲棒，一根一根的，骄傲得跟什么似的。
>
> ——毕飞宇《蒲苇棒》节选

> 北方的秋雨，也似乎比南方的下得奇，下得有味，下得更像样。在灰沉沉的天底下，忽而来一阵凉风，便息列索落地下起雨来了。一层雨过，云渐渐地卷向了西去，天又晴了，太阳又露出脸来了。
>
> ——郁达夫《故都的秋》节选

作家毕飞宇回忆的是故乡苏北兴化的秋天，写入秋后蒲苇棒的变化这里也是有写作节奏的，先是蒲叶耷拉下来，萎靡起来；接着修长的蒲叶越来越枯，颜色也由绿逐渐变黄。这个时候，蒲苇棒还是没什么太大变化，还是挺立的。把蒲苇的变化过程呈现出来，似乎也能让读者感受到秋日的一天天行进，时间的变化、季节的更迭似乎长了脚,留下一串清晰的脚印。

　　再看郁达夫写故都北平的秋雨,着力点在对比上,他把北方的秋雨和南方的秋雨放在一起对比,得出的结论还是北方的秋雨更有韵味。灰沉沉的天,忽然来的一阵凉风,冒冒失失的雨,之后的云卷云舒、天气放晴、太阳出现,这些事物之间,其实是存在一条节奏线的。

第三讲 | 写作中的意外感

一、意外和反转的魅力

写作是思考的产物,而人类的思维具有方向性,存在着正向和反向的差异。因此,就产生了正向思维与逆向思维两种思维模式。沃伦·巴菲特的黄金搭档查理·芒格始终坚信:"反过来想,问题会变得更容易。"查理·芒格有一套多元化思维模型,其中最著名的就是逆向思维。他有一句很著名的俏皮话:"如果我知道自己会在哪里死去,我就永远不会去那儿。"这话听起来简单却意味深远,假如小说《活着》里的福贵知道自己赌博的结局是倾家荡产、家破人亡,相信他当初根本不会踏进赌场。所以当我们要做一个决策时,不妨用逆向思维去思考,这本身就是一种追根溯源。

我们平时习惯了正向思维,通常会沿着习惯性思考的路线前进。而逆向思维就是反过来,逆着习惯性思维路线去思考,这就是一种另辟蹊径、反其道而行之,往往会有出奇制胜的效果。逆向思维从古至今都始终有效,比如"商圣"范蠡就把逆向思维用到了极致。他有一句名言:"夏则资皮,冬则资缔,旱则资舟,水则资车,以待乏也。"夏天购买裘皮,冬天购买葛布,旱天购买船只,雨季购买车子,等待物资缺乏的时候再卖。这其实就是一种低价抄底成功的技巧。

在商业中逆向思维很好用,写作中也不例外。逆向思维就是利用事物的可逆性,从相反方向进行推断,寻找一条常规的岔道去思考,再运用逻辑推理去寻找新的方法。在写作中,如果能实现"情理之中,意料之外",就有了反转,意外感也就产生了。

二、打通写作"任督二脉"

  在写作中运用逆向思维往往会有好的立意,能营造出一种先声夺人的效果。比如,同学们就《买椟还珠》的故事展开辩论,有同学采用正向思考,视角落在买椟的这个人身上,认为这个故事在讽刺那些没眼力、取舍不当的人交了高昂的智商税。而有的同学则从对立面出发,找到了新的突破口,认为那个卖珠宝的商人极有创意,是个很懂产品包装和设计的人,因为他深谙"人靠衣裳马靠鞍"的营销逻辑。由此可见,找到事物对应的另外一极,从相反的方向思考,往往会有意想不到的收获。

  写作中,可以找到事物性质上的两极,将这两极进行转换。比如:快对慢、多对少、软对硬、高对低、上对下、好对坏、早对晚、支持对反对等等。

  正话也可以反说,比如一个学生迟到了,他推开教室的门,探头探脑不敢进教室。正在讲课的老师看到迟到的又是他,瞥了他一眼道:"你来得真早啊!"明明学生迟到了,来晚了,老师却说他来得早,老师故意说反话,还用特殊意味的语音、语调的加持,对迟到的同学的批评和提醒都包含在这个"早"字里了。

  一说到时间过得快,我们就会想到"时间如白驹过隙""岁月如梭""光阴似箭""时光如流水"等,因为白驹、梭、箭、流水这些事物的行进速度很快,所以可以用来形容时间过得快。首次用这种比喻的人肯定是极具创意的,但如果我们在写作中不加思考地去照搬照抄，无异于是在嚼别人的残羹剩饭。因此，我们得有自己的创意和思考，不妨采用逆向思维，可以用"慢"来形容快。

请思考一下，如果现在要你来描述一个长跑冠军跑得快，这也就意味着你现在不能再用骏马飞驰、猎豹般的速度这样形容快的意象来表现他的"快"了，你要站在"快"的对立面，用"慢"来表现快。通常我们喜欢用乌龟、蜗牛这种行进速度慢的事物来形容一个人跑得慢或者走路磨蹭。这已经是我们司空见惯的思维方式，那能不能进行一次反向思考，偏偏用慢的东西来形容快呢？

我们描写一个上了年纪的老者走路，都说他颤颤巍巍地挪动着脚步，但是玩世不恭的老艺术家黄永玉九十三岁时还开着他的红色法拉利跑车飙车呢！也就是说，不能陷入陈旧的思维框架里，一个九十多岁的老人，他跑步当然速度会慢，但什么时候会快呢？当然是开跑车的时候啊！

同样，我们也可以用快的东西来形容慢。马奔驰的速度当然很快，但也可以用"马"来形容一个人跑得慢。可以这样写：跑到第八圈的时候，他已经体力不支了，双腿似乎不再听他的使唤，他就像一头迷失在沼泽地里的老马，想奋蹄扬鞭从这梦魇般的地方挣脱，可一切都是徒劳，他一点点慢下来，几乎是在吃力地拖着腿在向前挪动了。采用这种求异思维，会使读者眼前一亮，因为读者完全没想到你会用"马"这种奔跑速度快的事物来形容一个人跑得慢，这样就充满了意外感，也更加有创意。

逆向思维我们并不陌生，在生活中也很常见。有人说女人是老虎，不好惹，"老虎"是非常凶猛的动物，当然可以用来形容一个人很凶。但"老虎"这个词还可以用来形容一个人脆弱，不堪一击。说一个人是"纸老虎",这就是从另外一个思考的方向去考虑问题了。

《宋史·司马光传》记载了一个著名的小故事:群儿戏于庭,一儿登瓮,足跌没水中,众皆弃去。光持石击瓮破之,水迸,儿得活。一群小孩子在院子里玩耍,失足跌落进装满水的水缸里,其他小孩子都跑掉了,只有司马光拿起石头砸破了水缸,水流出来,小孩子得救了。我们可以想一想,一个孩子掉进一口大水缸里,施救的人多半会沿着正向思维的方向去救小孩,那就是把小孩从深水里拉上来。可是小司马光力气小,这一招让人离水的方法显然行不通,他就从反面去思考,人离水不行,让水离开人总可以吧?砸破水缸救人,用的就是逆向思维。

诗人北岛在散文《彭刚》里这样介绍自己的朋友:彭刚长相怪,有点像毕加索蓝色时期中的人物。他最常见的表情是嘲讽,眼睛细长,好像随时向这个世界瞄准。说话正是瞄准后的射击——快且准。他精瘦,而冬天只穿一件单衣,影子般瑟瑟穿过大街小巷。那年冬天,我们很快熟络起来——截然不同的性格刚好互补:我正寻找烈酒般的疯狂;他呢,他的疯狂需要个容器。

北岛介绍自己的好朋友,并没有像我们惯常的写法那样一上来就写朋友有多少优点,他用幽默诙谐的语言去介绍彭刚,可表达的却是一种朋友之间的知己知彼、合得来以及性格上的互补。这样的创意表达,给读者带来了无限惊喜。

三、"顺瓜摸藤"才能另辟蹊径

逆向思维可以营造意外感,产生反讽和幽默的效果。比如你这一次考砸了,数学竟然没及格。回到家里,还没想好该怎么跟父母汇报这次的成绩,结果怕什么来什么,一进家门,妈妈满脸期待地问:"数学考得怎么样?听你王阿姨说他们家小胖考了满分呢!"你手心开始冒汗,喉咙也有些发干,嗫嚅道:"考得不太……不太好。""不太好是多少分?"妈妈穷追不舍地问。你只好从书包里掏出试卷,小心翼翼地递给妈妈,妈妈瞥见那个鲜红的"59",气不打一处来,揶揄道:"考得真好啊!你这是班级第一吧?""你真有出息!你还能再出息一点吗?"

听到这些话,你是不是特别紧张,心里特别不是滋味?本来你考差了,妈妈用的词却是"考得真好""班级第一"这些看起来是褒义的词语,这些话变得特别刺耳,妈妈的不满和失望一下子就迸发出来了。

这段话用的就是逆向思维法。因为你知道妈妈说这种话并不是真的在称赞你,她是在讽刺你考得差。当然,需要注意的是,特定时刻表达言外之意一定要有特定的语气,写作的时候要注意说话人的语气、语调和神态。只有准确地、形象地展示这一点,才会有意外的效果。

接下来,给大家分享一个如何得到美女的电话号码的经典小故事。

傍晚陪爷爷在公园散步,不远处有一个长发美女,身材窈窕,气质出众,我忍不住多看了两眼。爷爷朝姑娘的方向努努嘴,似笑非笑地问:"小子,喜欢?"我害羞地点点头。爷爷明知故问:"想问人家要电话号码?"我的脸更烫了。爷爷自信地拍拍我的肩说:"小子,老将出马,一个顶俩,看爷爷的!"爷爷转身朝那位美丽的姑娘走去。

几分钟后,我的电话响了,一个甜美的声音传来:"你好,你是小卓吗?你爷爷迷路了,赶紧过来接老人家吧,我们在公园西北角那个秋千架下等你。"就这样,我飞速地存下了那一串让我心跳加速的电话号码。同时,我对爷爷佩服得五体投地。

听完这个故事,大家是不是和小卓一样,对机智的爷爷佩服得不行?这个爷爷就打破常规,没让孙子直接去向陌生女孩要电话号码,因为他知道那样唐突地去问人家要联系方式,成功的概率不大。他也没有直接上前对美女说明自己的意图,因为这些司空见惯的方法是有风险的。爷爷通过逆向思维,不提要电话号码这件事情,而是拿自己年纪大、记性不好、迷路来做文章,因为这两件事情压根儿不是一回事,这是另一种思考角度,给我们意外感的同时,也漂亮地完成了任务。

英国传奇首相温斯顿·丘吉尔和爱尔兰著名剧作家乔治·萧伯纳之间还有一些书信交锋的轶事,这是发生在政客和大文豪之间的故事。萧伯纳素来跟丘吉尔不和,他反感贵族出身的丘吉尔,看不惯他那自以为是的精英气息,但是,诺贝尔文学奖得主萧伯纳也不想有失体面地明着攻击丘吉尔,于是借着自己的戏剧演出的机会,向丘吉尔发了一封电报,电报里写道:

亲爱的丘吉尔阁下,我衷心邀请您观看我新剧的首演,希望您在百忙之中抽身参加。为了增加观剧的热闹气氛,我特地给您留了两个座位,请您务必带上一位朋友,如果您还有朋友的话。

第一单元 写作也可以玩跨界

丘吉尔微微一笑，回电报说：

亲爱的萧伯纳先生，祝贺您的新剧上演，感谢您的邀请。无奈我公务繁忙，您的第一场演出我只能很遗憾地错过。不过，我很乐意抽时间去欣赏第二场，如果您的剧还有第二场的话。

这无疑是一场世纪约架，首相丘吉尔号称"最伟大的英国人"，被誉为"一百年才出现的人物"，他是20世纪一个出名的毒舌，剧作家萧伯纳和他的交锋刀光剑影，两个人其实都在用逆向思维来抨击对方，由此可见逆向思维的魔力非同一般。

我写香菜这篇文章时脑海里有一条明线，那就是时间线：小时候——上大学时——结婚（有孩子）后——现在。这里面还埋藏着一条情感变化的暗线，由一开始对香菜的憎恶到后来的不那么反感再到慢慢接受最后爱上吃香菜，真是应了那句老话"爱之深恨之切"，不过是先恨后爱的。后来的反转，似乎是在对香菜说抱歉，爱到连香菜味的香水都要囤货，这似乎是对之前恨的一种补偿。这种反转式的表达，比一上来就直接写自己现在多爱吃香菜有意思得多。

终于可以光明正大地讨厌香菜了

之前在报纸上看到一则消息："科学家们终于证明，那些厌恶香菜的群体是基因和遗传学决定的。他们身体里的一组基因导致受体对香菜中的醛敏感，某种程度上可以说，这一部分人产生了基因变异。"科普到此为止，思来想去，觉得这个结论还是没那么严谨呢！

打小我和一些吃了香菜会死星人一样，特别讨厌香菜，总嫌它有一股臭屁虫味儿。可是香菜偏偏生命力顽强得很，抗病虫害又抗冻，是隆冬时节幸存下来的稀罕的绿叶蔬菜。

冬天，我家菜地光秃秃一片凄凉景象，薄薄的积雪覆盖下的菜地，唯有香菜长得格外茁壮。自家种的香菜，冬季叶子绿中略带些褐色，懒懒散散地匍匐在地上，披头散发，颇有一种流浪气质。

我们管香菜叫"芫荽"，它比后来我在城市里买到的大棚里的那种葱绿的又嫩又长的香菜味道浓郁得多。吃香菜的季节很漫长，在夏天来临之前，只要香菜不起苔不开花，都是可以食用的，我们只用它来涮火锅吃。种得多了，还会洗净拿来腌制，腌香菜的味道至今想起来还相当酸爽。

小时候，我对香菜极度排斥，宁愿蘸点儿麻辣酱拌饭也不会轻易去碰一筷子香菜。你知道吗？夏天开花结子的香菜更臭，从它跟前走一趟，感觉裤腿都是臭的。

后来，我竟莫名其妙地没那么讨厌香菜了。我想，我的巨大转变主要是因为囊中羞涩。上大学的时候，经常和宿舍里的同学结伴出去胡吃海喝。那会儿到底是年轻，老觉得饿，胃里似乎长着很多只贪婪的爪子，见到能吃的都想薅一把。

穷学生嘛，大家的境况都差不多。我们经常 AA 制，凑个几十块钱去步行街一家平价火锅店吃牛肉火锅。我至今还记得那家店的锅底是二十块钱，虽说是牛肉火锅，其实就是辣油里象征性地飘着几小块品相不怎么样的牛肉，剩下的全是萝卜疙瘩。可那会儿，锅里沸腾的都是无上的美味啊！

点青菜、豆腐、海带这些涮菜需要另外付钱，店里的火锅配菜种类本来就不多，我们点得起的菜就更少了。萝卜、香菜和豆芽便宜量又多,我们只能被动选择这些东西。偏偏我又有挑食的毛病,萝卜和香菜都不吃,端上来的豆芽的分量也有限,我又不好意思一人独占。就这样,偶尔挑几根香菜吃,吃着吃着,慢慢地竟没那么讨厌香菜了。

我先生下班回家必经松山桥,每天傍晚都会有本地老太太拎了自己种的小菜去蹲守在桥头叫卖。香葱、蒜苗、豌豆尖、青菜苔之类的时蔬非常新鲜。我偶尔会在他下班的点儿打电话让他捎带点儿蔬菜回家。

有一天,他拎回来一大袋香菜。我很少买香菜,只有做红烧鱼的时候会放少许香菜点缀一下。再说,我儿子对一切香料敬而远之,尤其讨厌葱姜蒜,说香菜更是泛着一股屁味儿。

我责怪老公买的香菜太多,又不煮火锅,这么多香菜到底怎么处理?他还挺有理,说下雨天,风又大,一个八十多的老太太守着小摊上的葱和香菜瑟瑟发抖,他全买下来,老太太就可以回家了。

好吧,面对这样的理由,我无话可说了。直接把香菜洗净,掺肉丝炒了。我儿子看着这碟黑暗料理,恳求我把菜端远点儿,他说我把那点儿肉丝都污染了。

有人说,如果植物也会撒尿,那一定就是香菜的味道;有人说,香菜就是绿色的粑粑;还有人说,吃香菜像在嚼固体洗甲水,要用意志力强迫自己咽下去,还得用更强大的意志力阻止它从鼻孔里喷出来,感觉自己的眼珠子都绿了。

我倒是慢慢接受了这种有着特殊气味的蔬菜。我儿子来了个神总结,他说我小时候不喜欢香菜,现在却爱上了香菜,不是因为基因变异,是因为我老了,味蕾没那么敏感了。

这样的解释也太伤人了吧!

正所谓"甲之蜜糖,乙之砒霜",这就像我面对一盘榴莲,觉得它就是烧熟的大蒜碾成泥再加了点砂糖嘛,真的难以下咽。但说不准哪一天我也会移情别恋,爱上榴莲。

说了这么多,希望没影响到你的胃口。狂风大作的天儿,衷心祝愿大家吃好喝好,不再为爱不爱吃香菜这种小事儿犯愁。

不逗你们了,我得去抢购一款新上市的香菜香水,让阴霾的心晴朗起来!

写作练习

有些同学爱吃臭豆腐、榴莲、香菜这类食物,觉得这些食物很香、很美味。而有些同学则对这些食物很排斥,觉得味道太臭了。试着写一写这些独特的美食吧,前提是要运用逆向思维,要给读者制造惊喜和意外感。

第四讲 | 写作也用慢镜头

一、慢镜头聚焦精彩瞬间

学生需要花时间去学习、研究记叙文怎么写。记叙文其实就是一种记录、一种讲述——记录一个人的经历和故事；讲述一件事情的变化发展；描写一处景物的特点；描摹一个物件的形状及功能……都是记叙文这种文本形式的写作范畴。

上学时要写考场作文，长大后还得写作或者说要进行"口头写作"，向别人介绍自己、写自荐信、写求职信、写工作总结等都是一种更广义、更丰富多元的写作。有的人写的东西被夸"真有趣"，有的人写的东西了无生趣，让人不明所以，这种情况就是写作的"镜头感"没捕捉到。

记叙文大多数时候都是在描述一个极为短暂的时间段里发生的事情，比如去田野里挖野菜；去公园里放风筝；参加了一次有意义的活动，如义卖活动、公益活动、实践活动、各种赛事等。记录一次难忘的出游经历或者记录一个突发的意外事件，比如当老师有事离开教室之后，脑洞大开的学生短暂地放飞自我，或者一个你忽然想明白的道理，如不嫉妒别人、珍惜自己现在所拥有的一切等等。这个时候，我们就要用文字去呈现瞬间的精彩。你可以把慢镜头理解成是画面感的升级，是很多个画面的连续放映。当然，慢镜头也是有内在逻辑的。

二、慢镜头定格细节亮点

抓拍写作中的慢镜头指的是把短时间内发生的变化、动作、细节,写得生动、连贯、具体。

慢镜头的写作就是要放大细节,注意变换描述的角度,让精彩过程清晰呈现出来,从而形成生动的动态画面。例如诗人北岛在散文《彭刚》里描写的那样:

> 彭刚长相怪,有点像毕加索蓝色时期中的人物。他最常见的表情是嘲讽,眼睛细长,好像随时向这世界瞄准。说话正是瞄准后的射击——快且准。他精瘦,而冬天只穿一件单衣,影子般瑟瑟穿过大街小巷。

诗人北岛描绘笔下人物的面貌特征用的就是一组精彩的慢镜头。长相的总体描摹、表情、眼睛(眼神)、说话的特点、体态、服饰、打扮、习惯性特点等元素构成了一组精彩的慢镜头。

诗人之所以描绘得如此精彩,是因为朋友彭刚的形象已经刻在他脑海里了,这是在平时相处里仔细观察的结果。这些细节早已成为诗人潜意识里的信息,写作时自然就会唤醒。

北岛生动的语言也是给动态画面加分的重要因素,这里有很多值得细细品味的精彩细节。例如诗人说彭刚"有点像毕加索蓝色时期中的人物"(注:1900到1903年是毕加索人生的低潮期。毕加索1900年去往巴黎,并于1904年定居在那里。这一时期被称为"蓝色时期"。蓝色是他这一时期作品的独特标志,作品多以富有冲击力的忧郁的蓝色为背景,画作中人物是蓝的,头发、眉毛、眼睛都是蓝的,蓝色似乎主宰了一切),这一层联想的精妙就在于有"艺术疯子"之称的彭刚本身就是个画家,同时也是诗人,用画家毕加索的画作来形容他是再契合不过了。

三、慢镜头写作三步走

要想把影视中的慢镜头搬到写作中来,可以分三步走:

第一步,得有大量的信息储备,做一个善于观察的有心人,把一些过程的细节存储在脑子里。没有这一步,一切都是空谈。

第二步,通过合理的联想、丰富的想象设计出曲折跌宕的情节,将事情的表现和经过精彩地呈现。要注意的是写作过程中叙事的节奏要把握好,不要忽快忽慢,有的话题可长线进行,有的可短线快收,不要为了凑字数去随意拉扯时间线。

第三步,在动作描写上多花心思,动作描写是刻画人物的重要写作方法,唯有动起来,文章才有灵魂。

作家老舍说:"唯有动作描写,人物才能立起来!"可见,动作描写在写人、记事的文章里是举足轻重的。当然,我们都知道什么是动作描写,可怎么写才能把短时间内发生的动作写精彩呢?

先来想象一个动作:老师激情洋溢地讲了半节课,嗓子都要冒烟儿了,端起讲台上的杯子喝茶。

有同学写下这样一句话:老师端起茶杯,咕嘟咕嘟喝茶。这样写,虽然用了拟声词"咕嘟咕嘟"去描写声响,但还是很笼统。老师到底是怎么喝茶的呢?仔细观察之后,是不是还可以描写得更具体呢?在脑海中定格老师喝水的"慢镜头",再通过文字去呈现。

四、用文字抓拍慢动作

1. 把大动作分解成小动作

"喝茶"是老师发出的一个动作,而喝茶是存在一个过程的。不要笼统地只去写"喝茶"这个大动作,要把大动作分解成若干个连贯的小动作。例如有个同学是这样描述老师喝茶的画面的:

> 老师喉咙发涩,感觉嗓子眼儿要冒出火来。他停止了讲课,目光一瞟,伸过右手凑近杯子,然后轻松地拿起杯子,用沾满粉笔灰的手指拧开杯盖,把杯子举到嘴边,噘起嘴唇,轻轻歪斜杯身,让水滋润了一下嘴唇,大概是在试探杯中的水烫不烫吧?然后,就大口大口地牛饮起来,只听到"咕嘟咕嘟"的声音,他的喉结也上下不停地运动。眨眼工夫,一杯水就见底了。老师咂巴着嘴唇,好像还没喝过瘾呢!放下杯子,浅蓝色的杯身上印出几道深浅不一的手印。

这一段描写把老师喝水这一过程细分成一系列连贯的小动作:拿起杯子—试探温度—大口猛喝—咂巴嘴唇—放下杯子,是不是把"大动作"分解成"小动作"了?有的同学经常抱怨自己写不好细节,若掌握这一方法,在写动作的时候采用慢镜头把"大动作"细分成一连串"小动作",细节就呈现出来了。

在语文课本里,这样的例子比比皆是。课文《凡卡》一文中描述凡卡写信的动作,其中有这样一个细节:他想了一想,蘸一蘸墨水,写上地址:"乡下爷爷收。"然后他抓抓脑袋,再想一想,添上几个字:"康司坦丁·玛卡里奇。"这段文字里的想、蘸、写、抓、添等一系列动词的精准使用,把小凡卡渴望爷爷收到信,救他出火坑的复杂心理刻画得淋漓尽致。

2. 给动作"化妆"

要想描写好人物的动作，精准选用表示动作的词语是很重要的。小学课本里有一篇文章《燕子专列》，讲述的是和燕子有关的一个温馨感人的小故事。据说有一年春天，瑞士气温骤降，风雪交加。这时，从南方飞回北方的燕子经过瑞士，因找不到食物，饥寒交迫，面临死亡的危险。瑞士政府得知这一情况后，呼吁人们寻找冻僵的燕子，将它们送到车站，并用带有空调的列车将这些燕子护送到了温暖的地方。

《燕子专列》原文里有这么一句话：小贝蒂伸出双手，捧起燕子，送到嘴边用呵气为小燕子取暖。把这句话里的动作打扮打扮，化化妆就成了：小贝蒂慢慢地伸出双手，小心翼翼地捧起燕子，像捧起珍贵无比的宝贝一样，轻轻地送到嘴边用呵气为小燕子取暖。通过对比就会发现，在动词前面加上适当的修饰语，就会使动作的幅度、速度、力度等细节生动地体现出来，这样人物形象就更鲜活，也能更好地表现人物的个性与心理。这种修饰就像"化妆"一样，能让语句变得灵动、美妙。

再来看两个同学比赛爬杆的情景：

> 来到爬杆的场地，小轩一只手摇了摇爬杆，一只手搭在额前做手搭凉棚，抬头仰望杆顶，心中已有了主意。他朝掌心"噗噗"吐了两口口水，搓了搓。两脚微微张开，身体慢慢下蹲。忽然，小轩猛地往上一蹿，两只手一上一下紧紧地握着爬杆，两腿交叉，用脚背死死地"咬"住爬杆，居然一下子就爬到让我们要抬着头仰望的位置。紧接着，小轩轮流交换着双手，每换一次，都凭借手臂的力量把他的身子往上拉伸，双腿也不闲着，一松一紧

地配合。在我们的欢呼声中,小虎已经爬到杆子尖儿上去了。

上面的语段中,运用慢镜头对小轩爬杆的动作进行了分解,然后给部分动作化妆,这样就会给读者身临其境的感受。是不是比"哧溜,爬杆技术高超的小轩一下就爬上杆顶"形象多了?

3. 给动作"配音"

在描写动作的时候,为了避免单调,还可以刻画动作背后发出的声音,因为有动作,往往就会有声音出现。比如,树叶被风吹动就发出"沙沙"的声响;雨水滴落在雨伞上就发出"啪嗒啪嗒"的声响。写作的时候,也要合理运用生活中获得的经验,写动作如果加上声音就会让你笔下的动作活灵活现。所谓的"配音",大致有两种声音,一是人物说话的声音,二是动作本身发出或是可能发出的声音,也就是说要合理利用拟声词。例如:

> 语文老师把试卷摊开,随即两个指头一翻,抽出一张试卷高高举起:"这是小慧同学的试卷,你们瞧瞧,字写得多工整!"她边说边在试卷上敲了敲,仿佛我们看不见似的。接着,她又抽出了一张试卷:"大家再看看这位同学的杰作,我暂时不点他的名字。简直不想看他的试卷,不管你会不会做题,你总得把字写工整吧?"老师气得把手里的试卷狠狠拍在讲台上,"嘭"的一声,吓得同学们大气都不敢出。

这是老师点评试卷的过程,同学们在平时的学习中也经常遇到类似的情景,简洁的几个动作——摊、翻、抽、举,再加上人物的语言描写,就把一个严厉的语文老师的形象写活了。

因此，写作时要克服"偷懒"的心理，不能眉毛胡子一把抓。要想细节写精彩，还要做个有心人，平时多观察、多揣摩。那些平时看上去挺简单的几个动作，认为不可能写进作文里的"一般内容"，都有可能走进你的文字，成为你宝贵的写作素材。

描写老师点评试卷的那一段文字是给人物配上声音，注重人物的语言描写。除此之外，还可以给动作适当地搭配一些模拟声音的词语，比如猫叫声"喵喵"；北风刮的声音"呼呼"；汽车的喇叭声"滴滴"；爆竹发出的声响"噼里啪啦"；枯叶被踩碎的声音"咔嚓"等。这些拟声词让动作更直观，更有生气。

4. 把动作和表情、神态结合起来

在描写动作的时候，运用慢镜头不仅要写清人物做了什么动作、说了什么话，还要思考此项动作是在什么情况下发生的、如何发生的，这就要让动作与人物的表情、神态结合起来，从而更立体地表现人物复杂的情绪和心理。

作家莫言的散文《卖白菜》里有一段母子之间心碎的对话：

"今天是大集。"母亲沉重地说。

"可是，您答应过的，这是我们留着过年的……"话没说完，我的眼泪就涌了出来。

母亲的眼睛湿漉漉的，但她没有哭，她有些恼怒地说："这么大的汉子了，动不动就抹眼泪，像什么样子？！"

"我们种了104棵白菜，卖了101棵，只剩下这3棵了……说好了留着过年的，说好了留着过年包饺子的……"我哽咽着说。

母亲靠近我，掀起衣襟，擦去了我脸上的泪水。我把脸伏

在母亲的胸前,委屈地抽噎着。我感到母亲用粗糙的大手抚摸着我的头,我嗅到了她衣襟上那股揉烂了的白菜叶子的气味。

这段文字重点描写"我"和母亲卖白菜前的一段对话,人物的动作、神态、表情就像舞台剧一样在读者面前上演,让我们看到了"我"的伤心难过和一个苦难母亲的无奈、坚强和隐忍。

再来看看莫言的这一段文字:

看到母亲动了怒,我心中的委屈顿时消失,急忙跑到院子里,将那个结满了霜花的蜡条篓子拿进来,赌气地扔在母亲面前。母亲提高了嗓门,声音凛冽地说:"你这是扔谁?!"我感到一阵更大的委屈涌上心头,但我咬紧了嘴唇,没让哭声冲出喉咙。

在上述文字里,"我"看到母亲动怒,心中不敢再有问题了,但还是在和母亲赌气,有这样的情绪就导致"我"拿篓子给母亲时气呼呼的。母亲心里也不痛快,说话的嗓门就提高了,声音也是冷冷的。

由此可见,在描写动作时还要特别注意人物的心理活动,所有动作的产生都是有一定原因的。总之,写出笔下人物的心路历程,写出一个接一个的动作,才能写出让人身临其境的慢镜头来。

写作练习

同学们一定给妈妈送过礼物,也许是一张制作精美的生日贺卡,也许是一朵你亲手折的纸花;也许是用攒了很久的零花钱给妈妈买的礼物……妈妈收到礼物后的一系列动作和表情,你还记得吗?妈妈的惊喜与激动你还记得吗?以"我给妈妈送惊喜"为题,创作属于你的故事。

第五讲 | 感受万物的韵律

作家汪曾祺有一本散文集,名叫《人间草木》;作家冯骥才有一本写给孩子的书,名叫《万物生灵》。人间草木皆有韵律,万物生灵皆可书写。人与自然的关系本来就是互相依存、互相渗透的。而身边的一草一木、一花一果、一芽一叶都值得我们凝望和珍惜。

洞察这个世界不妨从洞悉身边的一草一木开始。有了洞悉和觉察才有发现,才能有情可抒,有感可诉。接下来给大家讲一个故事,这个故事能很好地诠释写作与观察的关系。

一、人人心中有一幅画

胸有成竹这个成语典故相信很多人都不陌生。故事如下文:

北宋时期,有个著名的画家叫文同,他是画竹子的高手。为了画好竹子,文同可没少下苦功夫。无论是酷暑寒冬,还是风霜雨雪,文同常年在竹林里钻来钻去。三伏天里,太阳炙烤着大地,文同照样跑到竹林里,站在炙热的阳光下,全神贯注地观察被太阳暴晒的那一面竹子的变化。他时不时用手指头量一量竹节有多长,还要记录竹叶的疏密变化。汗水湿透衣衫,可他还是沉浸在竹子的世界里。

有一次,文同一心要看风雨中的竹子,不顾雨急路滑,他撩起衣服爬上山坡,奔向竹林。狂风暴雨下的竹子随风飘摇。凄风苦雨中的文同细心地观察竹子的姿态。

  文同就这样长年累月地观察和研究竹子,竹子四时的形态有什么变化;在阴晴雨雪天里,竹子的色泽、姿态又有什么不同;在烈日和皎洁的月光下,竹子又有什么不同;不同品种的竹子,形态又有什么不同,他都摸得一清二楚。竹枝的长短粗细,叶子的疏密、形态、颜色,都逃不过文同的眼睛。有新的感受他就回到书房,把心中的印象画在纸上。竹子的各种形象都深深地印在他的心中。有了前期的这些充足的准备工作,文同画起竹子来都显得非常从容,他画出的竹子,无不逼真传神。

  那么,大家现在应该知道了,画竹成痴的文同,后来为我们贡献了一个成语——胸有成竹。这个词是北宋时期著名文学家、"苏门四学士"之一的晁补之创造的,他称赞文同时如此说道:"文同画竹,早已胸有成竹了。"

  写作也是一样,要想写好一样事物,光熟悉还不够,你还得刻意去观察,做到心中有画,这里的画指的是画面。

  我们一起读读画家、作家二冬的这几段文字:

芥　菜

  有毛刺,和萝卜叶子很像;耐寒,微苦,很有韧性,比荠菜更有吃草的口感。

枯　叶　蝶

  有一种蝴蝶,想象着自己是枯叶,想着想着,就长成了枯叶蝶。

天　牛

爱吃木头,叫声似拉锯,撕裂并尖锐;壮硕如牛,能飞能走;牙齿如刀刃,脚齿如钩;脾气很大,有铁的质感。在昆虫界和螳螂一样,大哥级别,是个硬汉。

作者描写荠菜,从它有毛刺的外形特点开始,接着写它叶片的形状、生长习性以及吃起来的口感。如果作者没有深入的了解,是没办法精准地介绍荠菜的。写枯叶蝶就换了个俏皮的角度。而天牛呢,爱吃什么,叫声是什么样的,体型、脾性都拿捏得很到位。

同学们想一想,你最爱的或者最讨厌的是什么蔬菜?它是什么样子的?什么味道?会开花吗?会结果吗?先在脑海里勾勒出它的样子,再动笔写下来吧!在我心目中,菠菜是这样的:

菠菜真是个勇士啊!在我的记忆中,冬日的绿叶蔬菜,似乎只有菠菜。菠菜沉默地趴在雪窝里,陪伴它的,还有和它一样抗冻的香菜。小时候,最让我有抵抗情绪的活儿,就是我妈让我去冰天雪地的菜园子里剜菠菜。

山村里随便一场雪,就能淹没我的脚背。拎着冷如冰的菜刀,提溜着竹篮子去剜菠菜。雪地里的菠菜只露出一抹墨绿,叶片的轮廓弯弯的,像大地绿色的眉毛。扒拉开厚厚的积雪,一棵棵菠菜才被我从雪窝里拯救出来。贴着根部用刀尖使劲儿剜下去,结了冰渣子的土坷垃和菜刀彼此摩擦,咔嚓有声。

洗菠菜最要命,冬天的河水冷得扎骨头,手指很快就冻得和菠菜根一样红了。

二、自然万物皆有位序

写作首先就要选定自己的写作方向或者说写作对象。比如我写的是冬天的菠菜。如果换作是春天,那对我来说,关于菠菜的印象就没那么深刻,有可能就会去写另外的东西了。

动笔之前,我的脑海里已经浮现出了一幅幅画面——雪地里的菠菜。因为我认为它是勇士,耐寒、抗冻。写去雪地里剜菠菜这短短的几小段文字,也是有写作顺序的,或者说是有层次的。服从命令去剜菠菜—雪地里菠菜的样子—扒开积雪剜菠菜—洗菠菜,这是按照情节的推进来写的。

同样,如果你要写扁豆,你的观察线路图又会是怎样的?由远到近,还是先写叶子,再写花,最后写扁豆?大家可以展开讨论,先确定自己的写作对象,再确立自己的观点,然后再选择你观察的角度。当然,这一切其实是建立在你有准备的基础上的,也就是说要"胸有成竹"。

作家季羡林认为丝瓜挺神奇的,他在《神奇的丝瓜》一文里这样写道:

又过了几天,丝瓜开出了黄花。再过几天,有的黄花就变成了小小的绿色的瓜。瓜越长越长,越长越长,重量当然也越来越增加,最初长出的那一个小瓜竟把瓜秧坠下来了一点,直挺挺地悬垂在空中,随风摇摆。我真是替它担心,生怕它经不住这一份重量,会整个地从楼上坠了下来落到地上。

然而不久就证明了,我这种担心是多余的。最初长出来了的瓜不再长大,仿佛得到命令停止了生长。在上面,在三楼一位一百零二岁的老太太的窗外窗台上,却长出来两个瓜。这两个瓜后来居上,发疯似的猛长,不久就长成了小孩胳膊一般粗了。这两个瓜加起来恐怕有五六斤重,那一根细秧怎么能承担得住呢?我又担心起来。没过几天,事实又证明了我是杞人忧天。两个瓜不知从什么时候忽然弯了起来,把躯体放在老太太的窗台上,从下面看上去,活像两个粗大弯曲的绿色牛角。

作家季羡林笔下的丝瓜不仅神奇,还有思想。丝瓜秧似乎可以控制丝瓜长在哪个位置,不让它太重以至于从瓜藤上掉下去,遇到可卧可躺的窗台,就无所顾忌地疯长。作家好像真的读懂了丝瓜的心思,而且大文学家种的丝瓜似乎格外有灵气。这只不过是作家对丝瓜的生长过程有细致入微的观察罢了。

我们经常吃丝瓜炒毛豆、丝瓜蛋汤,是不是还从来没认真去观察过丝瓜呢?同学们,也认真去观察你身边的那些神奇植物吧!

曾经有人写道:太阳有无数朵向日葵,可是向日葵只有一个太阳。你有什么神奇的发现呢?

三、韵律藏在一枝一叶间

春种秋收,冬冷夏凉,四季变化自有其节律。桃花争春、木槿荣夏、金桂映秋、寒梅缀冬,每个季节都有其独特的魅力,正如万事万物都有它自身的节奏。月圆月缺、潮涨潮落,唯有激发我们的好奇心,亲近自然万物,才能体味生命的本真。

韵律是规律,是生命的周期,是万物的节奏,也是写作的源泉。

汪曾祺有一本散文集，书名就叫《万物有心，人间有味》。他首先是一个生活家，其次才是一位作家。世间万物皆可写，写作就是一种生活方式。我最喜欢《岁朝清供》那篇文章，现摘录一段如下：

> 我家旧园有蜡梅四株，主干粗如汤碗，近春节时，繁花满树。这几棵蜡梅磬口檀心，本来是名贵的，但是我们那里重白心而轻檀心，称白心者为"冰心"，而给檀心的起一个不好听的名字："狗心"。我觉得狗心蜡梅也很好看，初一一早，我就爬上树去，选择一大枝——要枝子好看、花蕾多的，拗折下来——蜡梅枝脆，极易折，插在大肚瓶里。这枝蜡梅高可三尺，很壮观。天竹我们家也有一棵，在园西墙角。不知道为什么总是长不大，细弱伶仃，结果也少。我不忍心多折，只是剪两三穗，插进胆瓶，为蜡梅增色而已。

美国作家、写作教练娜塔莉·戈德堡说："写作是为了记录和洞悉生命的细节。"我们和万事万物是密不可分的，万事万物不为我所有，但皆为我所用。万物有灵，一切皆可写作。

写作练习

你喜欢秋日的柿子树还是春天的海棠花？是花盆里的芦荟还是菜地里的萝卜？你要捕捉住自己的印象，眼睛怎么看见的就怎么写，耳朵怎么听见的就怎么写，内心怎么想的就怎么写。开写吧！

第六讲 | 感知力比盲目多写更重要

与其说写作需要天赋，还不如说写作需要刻意训练。写作中的感知训练甚至比盲目多写更重要。

一、"敏感"是神赐的礼物

我们要通过感觉器官来感知这个世界，因此感官（感觉器官）是感受外界事物刺激的重要器官，有眼、耳、鼻、舌、身等。感官功能又包括五大功能：视觉功能、听觉功能、嗅觉功能、触觉功能和味觉功能。我们常说的"第六感"，它的专业名称叫"超感官知觉"，又称"心觉"，指的是与潜意识有关的功能，这一部分不在今天的讨论范畴里。

顾名思义，"感知能力"指的就是感觉和知觉能力，感觉和知觉是两个概念，因为它们反映的具体内容不同。"感觉"是心理学概念，指的是人脑对客观事物的反映，比如：盲人摸一头大象，摸到象腿的人说大象像一根柱子；摸到身躯的说大象像一堵墙。盲人摸到大象的哪一个部位，便觉得大象是这个样子，这就是感觉。"知觉"也是一个心理学概念，它指的是对客观事物的综合整体的反映，简单讲就是要对感觉信息进行加工。比如，你在动物园里看见过大象，已经知道大象长什么样子了，这时，就算蒙上你的眼睛，让你去摸大象，摸到大象那像簸箕一样的大耳朵时，你一定知道你摸的只是大象的耳朵,而不是大象就长得像簸箕,这就是知觉。感觉和知觉加在一起就是"感知"。

每个人的感知能力是不一样的,这就是我们常说的敏感度,有的人敏感度高,有的就相对低一些,这是很正常的事情。高敏感度的人对细节的感知力强,对情绪的觉察力也高,有高度的共情能力。丹麦心理治疗师伊尔斯·桑德在《高敏感是种天赋》一书中写道:"敏感是神赐给你的最特别的礼物。"心理学家研究发现,许多作家、画家、音乐家等从事创造性工作的人往往是"高敏感"的人,换句话说,这些人的感知能力更强。而写作中的感知能力,是可以通过不断训练来提升的。

以北宋文学家苏轼的《惠崇春江晚景·其一》为例,来理解感知训练的意义。

惠崇春江晚景·其一

竹外桃花三两枝,春江水暖鸭先知。
蒌蒿满地芦芽短,正是河豚欲上时。

这首经典诗作是苏轼为惠崇的《春江晚景》所创作的诗篇。惠崇是北宋时期的一位僧人,擅长诗画,是苏轼的好朋友。可以说苏轼是根据朋友的"鸭戏图"画作来了一段看图写话(看图作诗)。苏轼再现了原画中的江南仲春景色,又融入诗人合理的想象,与原画相得益彰。

整首诗描写的事物非常清晰:竹林、桃花、一江春水、戏水的鸭群、满地蒌蒿、新钻出土壤的芦芽、畅快游走的河豚等等,这是视觉上的呈现。而"暖"就是一种触觉上的感受了。苏轼的厉害之处就在这里,根据朋友的一幅画作来作诗,江南早春的景色便在他的诗句里恣意流淌,诗人和画家产生了一种深邃的共情。

所以,当我们去描绘春天时,就要开启我们的感知能力,让你的眼、耳、鼻、舌、身团结协作,去观察春天的景象,去深刻地感受春天,才能描绘出真正属于你自己的春天。

同样,我们描写生活中常见的场景,就要充分调动我们的感官。青年画家张二冬在终南山生活了七年,养鸡、种菜、作画、写诗。在他的散文集《山居七年》里,他对自己种出来的辣椒是这样写的:

> 熟透的辣椒,颜色深一点,深绿,表面光滑,硬度高,辣味就很烈;嫩辣椒,颜色浅一些,黄绿,表面涩涩的,捏起来软脆,辣味也淡很多。
> 看来不只姜是老的辣,椒也是老的辣。

辣椒的颜色变化(视觉方面)、硬度(触感)、辣味(嗅觉、味觉)都生动呈现出来。

二、感知训练的五个抓手

我们学过了画面感,其实,画面感并不完全等于视觉,形成画面的不是眼睛,而是大脑。大脑可以通过五个渠道来捕捉外界信号:视觉、听觉、嗅觉、味觉、触觉。

那么,在你的写作本上分析一下今天丰盛的早饭吧:

视觉:杯子里雪白的牛奶。

听觉:从烤箱里拿出来的披萨,噼里啪啦地响。

嗅觉:食物的香气弥漫在整个餐厅。

味觉：披萨表面的香肠片鲜香美味。

触觉：端起热腾腾的咖啡,拿起冰凉的冬枣。

一个简单的早餐场景实际上是由多个感官系统的组合才被描写出来的。在写作中还要把感官细节描写生动,我写过一篇关于如何磨豆腐的文章,摘录如下：

> 看着白花花的豆浆从两扇磨盘间的缝隙里沁出来,有一种特别的满足感。磨出来的豆浆,还需要进一步过滤。那时候,家家户户都有那种用来过滤豆浆的包袱。白而厚的纱布,眼孔密实,呈大正方形状。得将四个角揪起来,挽在活动的十字形的木架上,我奶奶负责遥控木架。掺杂着豆腐渣的豆浆汁在包袱里摇晃、翻滚,细腻的豆浆汁从网眼里滤出来,叮叮咚咚落进下面的铁桶里。
>
> 过滤豆浆需要的是巧劲儿,伴随着有节奏的操控和摇晃,铁桶里的豆浆渐渐满了,包袱里的豆渣此时已团成一个大圆球。这时,清甜的豆浆带着些许豆腥味儿,这奇妙的清香像顽童般满院子乱窜。滤好的豆浆还要倒进大铁锅里烧开,火候至关重要。豆浆烧开后就可以喝了,盛一碗出来,加点白糖搅一搅,咕嘟咕嘟下肚,也是人生一大快事。
>
> 豆浆烧开后,得将灶洞里的柴火掩灭,微微等上片刻,浆面上就会凝结出一层薄薄的豆油膜,用干净的细竹棍儿穿进锅底轻轻一挑,一张半圆形的豆油皮就起锅了。不过,要做豆腐的豆浆,可不能结太多张豆油皮,不然精华都提走了,就会影响豆腐的口感。
>
> 制作豆腐的重头戏是点豆腐,专业的说法叫点卤。这一项核心技术掌握在我奶奶手里。裹着小脚的奶奶颤颤巍巍

走过去,端起水瓢,将石膏水流畅轻柔地兑进豆浆里。这时,简直能看清蛋白质团粒的集结和运行,顿生一种云卷云舒之感。石膏水的用量没有精确的剂量要求,一切全凭个人经验。石膏水加多了,豆腐脑太硬,加少了,豆腐脑的弹性和韧性就差些意思。记忆中,奶奶从没失手过,卤水点豆腐,一物降一物,我真的是见识了。

这几段回忆性的文字里,视觉、听觉、味觉、嗅觉、触觉齐上阵,才能把制作豆腐的过程描述清楚,这足以说明感知能力的重要性。我们要留意生活中的细节,这些细节是记忆的组成部分,而细节也是非常个人化的,与人的感官紧密相连。

再读一段作家毕飞宇写花翎鸟的文字:

> 还是先描述一下花翎鸟吧。它的体量比麻雀要小很多,羽毛却格外的艳丽,近乎斑斓。它的飞行也有特点,一顿一顿的。是四四拍。一个强音,一个次强音,然后,两个弱音。所以,花翎鸟无法像鹰或隼那样在一个水平面上翱翔,它的行进是短促的,仿佛股市的曲线。在两个弱音之间,它会掉下来,然后,借着下一个音节的重音,再蹿上去。也就是这样:嘭——嚓——嚓嚓,嘭——嚓——嚓嚓。上去,下来,再上去,再下来。费劲得很,危险得很。

花翎鸟是什么样的:它的体量大小、羽毛的色泽、飞行特点等都需要写作者用心去观察,要想准确描述花翎鸟,靠的其实就是敏锐的感知力。花翎鸟的样子、飞翔的特点,这些都是视觉和触觉神奇结合后才能描写出来的。值得一提的是这一段文字:

"它的飞行也有特点,一顿一顿的。是四四拍。一个强音,一个次强音,然后,两个弱音。所以,花翎鸟无法像鹰或隼那样在一个水平面上翱翔,它的行进是短促的。在两个弱音之间,它会掉下来,然后,借着下一个音节的重音,再蹿上去。也就是这样:嘭——嚓——嚓嚓,嘭——嚓——嚓嚓。"这段描写之所以生动,是因为作家用已有的音乐知识来写作,这就拓展了自己的认知边界。我们在写作中,也要清晰地知道自己熟悉什么、擅长什么,这对写作大有裨益。

写作练习

在你的个人经历中,你吃过哪些最好吃的水果、菜肴或甜点?它有多美味、多难忘?用回忆的方式写一写吧。别忘了充分调动你的感官哦!

第二单元

写作神器，你值得拥有

第七讲 | 具体与抽象是铜板的两面

具体和抽象是一组相对的概念,在写作中的作用都很重要,这二者是相辅相成的。我们可以用具体的东西来表现抽象的概念,反过来,也可以用抽象的东西来表现具体的事物。

比如,我想跟一个小朋友解释什么是大小,我讲大和小的概念给他听,他压根儿听不懂,我如果一手拿橘子,一手举柚子,相信他一下就会明白大和小的意思。因为"大"和"小"的概念本身就是抽象的,小朋友难以理解这些抽象的概念,当我拿出很具体的东西,比如橘子、柚子,这是看得见的东西,借助看得见的、感受得到的具体事物,来让他明白抽象的概念就更容易。

一、具象化让抽象"现原形"

很多学生形容自己"着急",通常说"急得像热锅上的蚂蚁"。锅烧热了,蚂蚁还在锅上爬,肯定是慌不择路,急着逃离危险。用"热锅上的蚂蚁"来形容一个人内心很着急,其实很形象。"着急"这种情绪和心理是看不见摸不着的,是很抽象的东西。而蚂蚁就很具体了,肉眼可见,再加上"热锅"这个能感知到温度的道具的辅助,"着急"的心情一下子就表现出来了。不可否认,这是一个不错的比喻。可是这句话用多了,难免会让人产生审美疲劳,所以,写作离不开善思,只有勤于思考才能另辟蹊径。

可以思考一下,假如你在夜晚要独自一人穿过一条林荫小路,你很害怕。请写一段话来表现你害怕的心情。

"害怕""紧张"都是抽象的概念,是看不见、摸不着的,要求你把这种感觉写出来,并清晰地把这种感觉传递给读者,就有一定的难度。要想真真切切地表现出害怕、紧张,就要用看得见的行为来表现。也就是说要通过具体的东西来表达抽象的情感。(同学们试着表演紧张、害怕,再用语言表达出来)

作家毕飞宇是如何写恐惧和害怕的:在他的散文《蚂蟥》里,"我"在水田里被阴森瘆人的蚂蟥咬了,那种恐惧是怎样的一种画面呢?

> 我跳出了稻田,大呼小叫,撒腿狂奔。一口气跑出几十米,停下来的时候,它们贴得更紧了,像锔在了我的身上。鸡皮疙瘩一阵一阵往外冒,咕噜咕噜的。

"跳出了稻田,大呼小叫,撒腿狂奔"都是看得见的动作行为,读者读到这样的画面,瞬间就能体会主人公的心情是恐惧的、害怕的。

同理,假如你想写一个人很粗心,"粗心"也不是具体可感的,这时候就要借助人物做的一系列具体的事情来表现他的粗心。如:一进教室,大队委就过来检查,看看哪位同学没戴红领巾,我一摸空空如也的脖子,呀,糟了!今天又忘戴红领巾了。这时,英语课代表也站在讲台上提醒大家交作业,不好!我着急慌忙地翻书包,书包里哪里有练习册的影子?

一个"又"字泄密了,说明这个同学忘戴红领巾不止一次,这一次雪上加霜的是英语作业也落在家里。早上教室里发生的这一系列事件,就很形象地表明他是个粗心大意的人。

所以,要想把抽象的东西变得具体,就要用看得见的行为或画面来呈现。很多同学说:"妈妈很爱我。""爱"这种情感是看不见的,要有一些具体的事件或者说一些更具体的细节来表现"爱"。

二、抽象与具象的自由转化

写作既要用具体表现抽象,也要用抽象来表现具体,二者是共生的。我们感知到的事物的形象是具体性的,是诉诸感官的,而人类的理智领悟往往是抽象性的。

思念故乡、思念亲人,乡愁等情绪都是抽象的,该怎么去描绘这万千愁绪呢?

天净沙·秋思

马致远

枯藤老树昏鸦,
小桥流水人家,
古道西风瘦马。
夕阳西下,
断肠人在天涯。

元代戏曲作家马致远的这首小令,以多种景物并置(枯藤、老树、昏鸦、小桥、流水、人家、古道、西风、瘦马、夕阳),拼贴成一幅秋郊夕照图。秋天,一个思念故乡的人(断肠人)的这种漂泊愁苦的心情就刻画出来了。

"枯藤老树昏鸦,小桥流水人家,古道西风瘦马。"运用了列锦的修辞手法。"列锦"不是白描，又称"列词"，最早见于陈望道的《修辞学发凡》一书。所谓"列锦"就是全部用名词或名词性短语，经过选择组合，巧妙地排列在一起，构成生动可感的图像，用以烘托气氛、创造意境、表达情感的一种修辞方式。

再来看看北宋哲学家邵雍的《山村咏怀》：

一去二三里，烟村四五家，
亭台六七座，八九十枝花。

同样是采用列锦的表现手法，将烟村、人家、亭台、鲜花等景象组合在一起，构成一幅田园风光图。

台湾诗人余光中的《乡愁》也是具体和抽象有机融合的生动案例。

乡　愁
余光中

小时候，
乡愁是一枚小小的邮票，
我在这头，
母亲在那头。
长大后，
乡愁是一张窄窄的船票，
我在这头，
新娘在那头。
后来啊，
乡愁是一方矮矮的坟墓，

我在外头,
母亲在里头。
而现在,
乡愁是一湾浅浅的海峡,
我在这头,
大陆在那头。

诗人余光中通过《乡愁》一诗,表达了对祖国、对故乡恋恋不舍的情怀,也表达了期待中华民族早日统一的美好愿望。眷念、美好愿景,通过邮票(小时候)—船票(长大后)—坟墓(后来)—海峡(现在)这些具体的意象串联起来。托物寄情,引起人们无限的哀愁和无尽的相思。

三、抽象与具象要团结协作

可以用具体的东西来表现抽象的概念,也可以用抽象的概念来表现具体的事物。只要试着去打开脑洞,发挥你的联想能力,放飞你的想象,往往会有柳暗花明的收获。作家毕飞宇写过一篇回忆性散文《稻田》:

麦地的风景在阳光下面,稻田的美妙则取决于月光。

月亮起来了。月亮下的世界是黑白的世界,像老电影。因为水稻,大地成了泽国,白花花的,到处都是月亮的反光,也可以说,到处都是水的反光,没有色彩,每一块稻田的中央都有一颗月亮。

月夜里的稻田有多美，其实很难说出个子丑寅卯来，因为美是抽象的，在这一段文字里，作者却能把月色下的稻田夜景灵动地呈现出来。

思考一下怎样形容辣？辣的东西有很多，辣椒的辣和大蒜的辣有什么区别？画家张二冬是这么形容"辣"的：

> 辛辣和燥辣，口感上也大不相同。辣椒的辣是吞火球，由嘴巴吞入，滚入胃里继续燃烧，是有明火的；大蒜的辣是吞火线，从喉颈、胸口到胃，会有一条很清晰的线状炭，食道是被炙烤着的，有种炭烧感。
>
> 这几天吃槐花饭，每次都要捣点蒜泥。前天早上就有个失误，剥了几颗新蒜，把我辣得，一上午都觉得胸口有根电炉丝，滋滋生红。

作者笔下的辣，是有层次的辣。辣椒的辣与大蒜的辣各有千秋，这一段文字里，吞火球、胃里燃烧、明火、吞火线、食道被炙烤这些形容都是具体可感的，有了这些生动幽默的比喻，一下子就把辣的口感和程度的不同表达清楚了。

有同学写糖炒栗子有多好吃，就说栗子仁香喷喷的，栗子的软糯甜香等，这样写显得有些空洞，太浮于表面。

作家梁实秋品尝的糖炒栗子是这般滋味：

> 我家住在北平大取灯胡同的时候，小园中亦有栗树一株，初仅丈许，不数年高二丈以上，结实累累。果苞若刺猬，若老鸡头，遍体芒刺，内含栗两三颗。熟时不摘取则自行坠落，苞破而栗出。捣碎果苞取栗，有浆液外流，可做染料。后

来我在崂山上看见过巨大的栗子树，高三丈以上，果苞落下狼藉满地，无人理会。

在北平，每年秋节过后，大街上几乎每一家干果子铺门外都支起一个大铁锅，翘起短短的一截烟囱，一个小利巴挥动大铁铲，翻炒栗子。不是干炒，是用沙炒，加上糖使沙结成大大小小的粒，所以叫做糖炒栗子。烟煤的黑烟扩散，哗啦哗啦的翻炒声，间或有栗子的爆炸声，织成一片好热闹的晚秋初冬的景致。孩子们没有不爱吃栗子的，几个铜板买一包，草纸包起，用麻茎儿捆上，热乎乎的，有时简直是烫手热，拿回家去一时舍不得吃完，藏在被窝垛里保温。

作者没有直接去写糖炒栗子多好吃，而是用心用情地去写怎么翻炒栗子，栗子什么价格，怎么包装栗子，栗子的热气以及舍不得一次吃完如何保温，这一系列生动具体的内容比直接去说栗子美味更有说服力。

弄明白了抽象和具体之间的隐秘关系，写作会如虎添翼。

写作练习

妈妈最拿手的菜是什么？这道菜有多美味？在你心中有着怎样的美食排行榜？写一写妈妈的拿手菜，要通过具体的内容来表现这道菜到底有多美味。

第八讲 | 意象是意境的零配件

在《呐喊》的自序里,鲁迅写自己的寂寞心境用到了"大毒蛇"这个独特的意象:"这寂寞又一天一天地长大起来,如大毒蛇,缠住了我的灵魂了。"从这句话里可以看出,意象就是你有感情的物件儿,它有两个关键点——个体的感情与某种物象,两者结合起来,就产生了意象。比如大毒蛇,大家都会觉得很吓人,都要避而远之,所以毒蛇可以表示冷傲、孤寂、冰冷、阴冷这样一些意思,这和寂寞给人的感觉是相似的。

一、要善于"观物取象"

从字面上理解,意象就是有意思的形象。比如鲁迅用大毒蛇这个形象来表达寂寞。毒蛇是具体的事物,而寂寞是抽象的。我们写作时,可以用具体的事物来表达相对抽象的概念。

鲁迅是运用意象的高手,其设计的第一件美术作品是他的一个头像——猫头鹰,他用猫头鹰这个意象来代表自己。说到这个名号的来历,还有一个有趣的故事。因为鲁迅刚回国的时候不修边幅,表情严肃,所以有人给他起了一个外号,叫"猫头鹰"。在当时,猫头鹰可不是什么吉祥物,它昼伏夜出,在民间并不受欢迎,鲁迅却很喜欢这个外号,他不想做一个讨好大家只报告好消息的人。他觉得自己就像猫头鹰一样,在夜色中慢慢地睁圆了自己的眼睛,在黑暗中寻找一抹亮色。鲁迅当年在师范学校教书时,就在教案本上画了一只猫头鹰的头像,这就相当于他的签名了。

还有一个意象就是"白象"。鲁迅的好朋友林语堂曾经给鲁迅起外号,说他是"一头令人担忧的白象"。白象是一种稀有的大象品种,林语堂把鲁迅比喻为一只令人担忧的白象,想表达的是他和白象一样稀少,一样难能可贵,但又让人感到特别不放心。鲁迅对老友特别定制的这个外号很满意,甚至在给夫人许广平写信时,竟然在署名的地方画一头大象。后来,许广平经常叫鲁迅"小白象"。

鲁迅幽默可爱的一面就讲到这里,言归正传,如果用动物的意象来代表人的话,你觉得哪种动物可以代表你和你的家人呢?

你可能就会觉得妈妈像小绵羊一样温柔,自己像小白兔一样可爱,爸爸就像老黄牛一样踏实努力。这样的方法若用在写作中,你不用过多地去介绍你笔下的人物,只要把人物形象定位到一个动物上,读者就知道他的特点是什么了,这样写出来的文章生动又形象。

二、美学"三胞胎"

隐喻、象征和意象三者很容易混淆,在文学领域里的使用也是很高频的,不管是在日常口语还是文学作品里(尤其是诗歌),它们都不可或缺。

隐喻是比喻的一种,它重在影射,它是隐晦的,也就是我们熟知的暗喻。作家秦牧的散文《土地》里写道:"我骑着思想的野马奔驰到很远很远的地方。"把放飞的思绪比喻成野马,这里用的修辞手法就是隐喻。

象征，听起来和隐喻很像，可以简单理解成隐喻在外在形式上是一个句子或多个句子，而象征是一种表现手法，它离不开丰富的联想，指代的成分居多。大家都很熟悉的运用了大量象征手法的作品就是茅盾的《白杨礼赞》：白杨不是平凡的树。它在西北极普遍，不被人重视，就跟北方农民相似；它有极强的生命力，磨折不了，压迫不倒，也跟北方的农民相似。我赞美白杨树，就因为它不但象征了北方的农民，尤其象征了今天我们民族解放斗争中所不可缺的朴质，坚强，以及力求上进的精神。

而意象的理论在中国起源很早，意象相当于是大脑里的意思图像。比如，丁香就是我国古典诗歌中常见的意象之一。古诗里有很多吟咏丁香的诗句："丁香空结雨中愁""雨里含愁态，枝头缀玉英""芭蕉不展丁香结，同向春风各自愁"等。丁香在仲春时节开花，在伤春悲秋的诗人眼里，丁香是愁品。而丁香花颜色淡雅，常见的有白色或粉紫色，往往赢得洁身自好的诗人的青睐。在深情诗人戴望舒眼里，丁香是美丽高洁的，是结着愁怨的。

可以说，没有象征，诗歌将寸步难行。19世纪法国现代派诗人波德莱尔是象征派诗歌的先驱，他的作品《恶之花》是象征主义的第一部诗集。

我们经常听说绿色象征生命、活力、青春和希望，松柏象征坚韧和刚强，梅花象征坚强不屈，兰花象征着高洁典雅，等等。高考语文试卷上曾经出现过一道思辨题：文学经典《红楼梦》中常用花来代表人物，若把这个决定权交给你，你会给谁定什么花？

这其实考察的是《红楼梦》中因花写人的表现手法。文学家曹雪芹以花喻人，之所以有这样的隐喻，是因为作者找到了花与女性之间有着或形象或气质或命运的关联。

《红楼梦》第六十三回"寿怡红群芳开夜宴"中，众人抽花签，宝钗抽中了牡丹花签，上题着"艳冠群芳"四字。牡丹雍容华贵，国色天香，有一种大气之美，但是在它美丽的外表之下，却有着一颗高冷的心。而宝钗肌骨莹润，举止娴雅，唇不点而红，眉不画而翠，脸若银盆，眼如水杏，品格端方，容貌丰美。但是她的性格中有着冷漠无情的一面，总是不关己事不开口，一问摇头三不知，所以被称为"冷美人"。宝钗的美貌、个性以及为人处世的风格，用牡丹花来形容她是再贴切不过了。林黛玉是水芙蓉，风露清愁，莫怨东风当自嗟。贾元春是昙花，昙花一现，回首相看已化灰。那面艳心狠、精明强干的王熙凤是什么花？居于大观园栊翠庵中的博学多才、气质如兰、孤傲清高的妙玉又是什么花？

元代曲作家马致远的散曲小令《天净沙·秋思》里，在阔大苍凉的背景上，一连串描绘出九幅画面——枯藤、老树、昏鸦、小桥、流水、人家、古道、西风、瘦马，传神地勾勒出羁旅之人漂泊天涯的落寞哀伤之情。这些富有独特韵味的意象，是词人抒怀的一种凭借，如蒙太奇一样地组合起来，给读者留下了广阔的想象空间。

意境的产生也离不开意象，当众多的意象组合在一起，或借景抒情，或寓情于景，意境便营造出来了。

写作练习

表现中秋情思的意象有哪些？有同学找出了圆月、西风、桂花等浪漫意象，请把你找到的关键词运用到写中秋佳节主题的文章中去。

第九讲 ｜ 精辟比喻让人拍案叫绝

一、形不似而神似的好比喻

我有一套有些年头的书叫《中外比喻辞典》，作者是薛梦得，书名题字是钱锺书，序言由叶君健撰写，这上下两册书都被我翻烂了。好的比喻让人拍案叫绝，写作课上我多次强调比喻的重要性。精妙的、独到的比喻有着强大的力量。我们先来读一读俞伯牙和钟子期的故事。这则小故事选自《列子》。

伯牙善鼓琴

伯牙善鼓琴，钟子期善听。伯牙鼓琴，志在高山，钟子期曰："善哉！峨峨兮若泰山！"志在流水，钟子期曰："善哉！洋洋兮若江河！"

这就是中国古代著名的"高山流水"的故事。俞伯牙善于弹琴，钟子期善于倾听。俞伯牙弹着琴，当他的音乐想要表现高山的时候，钟子期就赞叹说："好啊，（旋律）像巍峨的泰山一样。"当俞伯牙的音乐想要表现流水的时候，钟子期则赞叹说："好啊，像浩浩荡荡的江河一样。"

都说知音难觅，还有人很庆幸自己遇到了知音。"知音"一词用来形容朋友之间能相互理解、相互欣赏的情谊。这个词就是从俞伯牙和钟子期的故事里来的。钟子期懂得俞伯牙的音乐,能从伯牙的琴声中听出他寄托的心意,所以叫"知音"。当然,我们今天用"知音"这个词,已经不光是指懂得音乐了。后来钟子期去世之后,俞伯牙觉得世间再也没有知音了,所以干脆把琴摔碎,从此再也不弹琴。

为什么俞伯牙这么重视钟子期这个知音好友呢?因为音乐的旋律本身是很抽象、很模糊的东西,虽然你能听见这一段旋律,但是它表达的情感是看不见、摸不着的。不像我们用语言说一个词、一句话,或者拿出一张图片来,别人一下子就能明白你的意思。正是因为音乐在理解上有一定的难度,就像曲径通幽的小路一样曲折蜿蜒,你要进入最深处,才可能了解一个人通过音乐想传达的心声。所以,钟子期对俞伯牙才显得如此重要。

同学们想一想,你们最喜欢的乐曲是什么呢?我特别喜欢听电影《菊次郎的夏天》的主题曲 Summer(配乐大师久石让的作品),整首曲子简单明快、清新自然,让人听了心情舒畅,总感觉有夏日的清风从山谷里幽幽吹来。这么说来,似乎我也有成为久石让的知音的潜质,这是怎么回事呢?不是说知音难觅吗?

原来,人的视觉、听觉、嗅觉、触觉、味觉等不同的感觉之间是能够相互沟通和对应的。我们通常能感觉到的如明暗、高低、轻重、大小、快慢这些物质特性,其实都有互相对应的关系。

只有弄明白这一点,才能创造出好的比喻。好的比喻就是能准确地把一种感觉移植到另一种感觉上。钟子期就是把俞伯牙的音乐比喻成看得见的高山和流水,将听觉和视觉相结合。而且,他还用"峨峨"来形容山,用"洋洋"来形容水,美妙的叠词更是让这个比喻变得形象和细腻。

大家耳熟能详的独特生动的比喻一定是高尔基说的:"我扑

在书上,就像饥饿的人扑在面包上。"接下来,我们再去看一个关于读书的比喻。

与陆三

朱幼清

年来神散,读过便忘。然必欲贮之腹中,犹含美馔于两颊,而不忍下咽。我之于书,味之而已。

一个叫朱幼清的读书人写信给朋友陆三谈自己读书的感觉,朱幼清说:"我近年来精神越来越涣散,书读完就忘记了,但还是想把书读进肚子里,就像嘴里含着好吃的东西,不舍得咽下去。我现在看书,就是尝个滋味。"这真是一个美妙的比喻。朱幼清的意思是虽然读书记不住,但还是要读,读书就像嘴里含着美味佳肴,不急于吞咽,生怕吞下去就再也尝不到味道了。按理说,一个人对读书的感觉是很难表达清楚的,可是把好书比喻成美食,一下子就变得具体可感了。

人的记忆力是会随着年纪增长而下降的,我们都存在一个遗忘曲线。一个读书人,年纪大了,书读过就忘,心里得有多大的恐慌啊,所以就有了第一层比喻,想把书存在肚子里,觉得这样比较安全。既然说到肚子,就会联想到吃饭,于是有了第二层比喻,"犹含美馔于两颊,而不忍下咽"。这就是说读书就像嘴里含着好吃的东西,不舍得咽下去。

记得我小时候吃糖果,实在是觉得它太难得、太美味了,含在嘴里想让它存在得久一些。这种感觉和读到一本好书的感受是一样的,因为读书这件事太美妙了,就像你遇到好吃的东西,想在舌头上多停留一会儿,多体会一下那种美好的滋味。

再往下看，又是第三层比喻，"我之于书，味之而已"。吃饭、读书当然有实际的目的，吃饭是为了生存，读书在古代可以去考科举、做官、光耀门楣。但吃饭和读书的妙又不仅仅在实用，吃饭可以是为了品尝滋味，读书可以是为了怡情养性、增长见识。读书带来的审美的享受可能比实用的感觉更美妙。这个比喻妙就妙在作者把读书这件事儿的精神享受和吃饭的味觉享受联系起来了。

二、用暗喻避免比喻"老化"

一提到比喻句，很多同学就会想到"像""仿佛""宛如"这些比喻词。"她的笑容像花儿一样灿烂"，这叫"明喻"。古人的明喻不用"像"这个字，用"犹"，如"犹含美馔于两颊"。前一则"高山流水"的故事里，"峨峨兮若泰山"就是用"若"。但后面朱幼清关于读书的比喻，三重比喻只用了一个"犹"字。其他两个地方并没有出现明显的比喻词，这就是暗喻。巧用暗喻，句子往往会更高级。

大家认真读一读当代作家史铁生的散文《我与地坛》里的这一段文字，作家连用了七组比喻，用时间、乐器、声响、景物、心绪、艺术和梦来比喻一年四季的感觉。

> 如果以一天中的时间来对应四季，当然春天是早晨，夏天是中午，秋天是黄昏，冬天是夜晚。如果以乐器来对应四季，我想春天应该是小号，夏天是定音鼓，秋天是大提琴，冬天是圆号和长笛。要是以这园子里的声响来对应四季呢？那么，春天是祭坛上空漂浮着的鸽子的哨音，夏天是冗长的蝉歌和杨树叶子哗啦啦地对蝉歌的取笑，秋天是古殿檐头的

风铃响，冬天是啄木鸟随意而空旷的啄木声。以园中的景物对应四季，春天是一径时而苍白时而黑润的小路，时而明朗时而阴晦的天上摇荡着串串杨花；夏天是一条条耀眼而灼人的石凳，或阴凉而爬满了青苔的石阶，阶下有果皮，阶上有半张被坐皱的报纸；秋天是一座青铜的大钟，在园子的西北角上曾丢弃着一座很大的铜钟，铜钟与这园子一般年纪，浑身挂满绿锈，文字已不清晰；冬天，是林中空地上几只羽毛蓬松的老麻雀。以心绪对应四季呢？春天是卧病的季节，否则人们不易发觉春天的残忍与渴望；夏天，情人们应该在这个季节里失恋，不然就似乎对不起爱情；秋天是从外面买一棵盆花回家的时候，把花搁在阔别了的家中，并且打开窗户把阳光也放进屋里，慢慢回忆慢慢整理一些发过霉的东西；冬天伴着火炉和书，一遍遍坚定不死的决心，写一些并不发出的信。还可以用艺术形式对应四季，这样春天就是一幅画，夏天是一部长篇小说，秋天是一首短歌或诗，冬天是一群雕塑。以梦呢？以梦对应四季呢？春天是树尖上的呼喊，夏天是呼喊中的细雨，秋天是细雨中的土地，冬天是干净的土地上的一只孤零的烟斗。

作家史铁生的这七组比喻，诗意又灵动，大家一定要认真读一读。

写作练习

如果让你来写四季，你会怎么写呢？分别用明喻和暗喻来写四季，看看哪一种更精彩吧！

第十讲 | 通感的特异功能

1962年,钱锺书在《文学评论》杂志第一期上发表了一篇文章,标题就叫《通感》。钱锺书总结了什么是通感,他发现在日常经验里,视觉、听觉、触觉、嗅觉、味觉往往可以彼此打通或交通,眼、耳、舌、鼻、身各个官能的领域可以不分界限。颜色似乎会有温度;声音似乎会有形象;冷暖似乎会有重量;气味似乎会有锋芒。

具体是什么意思呢?举个简单的例子:假如此刻我手上拿着一个柠檬,我把柠檬一分为二切开,用力一挤,清香的带些酸味的汁水就迸溅开来。当然,这只是个假设,因为我手里压根儿没有柠檬,但光听我这么一通描述,你的口腔里就会分泌口水,似乎已经感受到了柠檬的酸味。这是怎么回事呢?这种感觉我们就称之为通感,你只是听到我对柠檬的描述,就在脑海里想象出切柠檬,用力挤柠檬,柠檬爆汁的画面,这时候你的味觉就有了变化。由此可见,听觉、味觉在此时此刻已经开始团结协作了。

一、通感打破语言局限

通感修辞又叫移觉,就是把不同感官的感觉沟通起来,借联想引起听觉、视觉、嗅觉、味觉、触觉等不同感觉的彼此挪移和转移。直白点说就是我们欣赏美好事物的时候,我们的感官感觉是不听话的,它们互相借用,彼此成全。

作家宗璞在散文《紫藤萝瀑布》中写道:从未见过开得这样盛的藤萝,只见一片辉煌的淡紫色,像一条瀑布,从空中垂下,不见其发端,也不见其终极。只是深深浅浅的紫,仿佛在流动,在欢笑,在不停地生长。这一段独具美感的文字里的修辞手法,除了有比喻、夸张、拟人,其实还有通感。"深深浅浅的紫"这是眼睛观察到的颜色,"在流动""在欢笑"这是耳朵听到的声音。也就是说紫藤萝花盛开的美景,让赏花人的视觉和听觉产生了串联沟通。

还有"这里除了光彩,还有淡淡的芳香,香气似乎也是浅紫色的,梦幻一般轻轻地笼罩着我。"这一段里说"香气似乎是浅紫色的",也是通过好几种感官去感受。香气是嗅觉,而浅紫色是视觉,这两种感官发生了神奇的挪移,诗意就产生了。

其实,在现实生活中我们也经常用到通感。我们经常说"小妹妹笑得很甜",笑容怎么会是甜的呢?这其实就是通感。有同学说妈妈刚晒过的被子很舒服,有一股太阳的味道,这也是通感,太阳怎么会有味道呢?你抚摸着柔软蓬松温暖的棉被,就感觉闻到了太阳的味道,这是你的触觉和嗅觉在相互作用。

把通感运用到极致的是作家朱自清,他在《荷塘月色》中写道:微风过处,送来缕缕清香,仿佛远处高楼上渺茫的歌声似的。明明是写嗅觉(荷花的清香),却通过触觉(微风过处)、听觉(远处高楼上渺茫的歌声)来呈现,让人叹服。

二、通感是诗意的催化剂

比喻的修辞,本体和喻体缺一不可。它借助想象和联想,将本体形象化、生动化、具体化。例如:"他的目光像一把利剑,闪着寒光,嗖地向我刺来。"把目光比作利剑,"嗖"虽然是听觉体验,但触发这个听觉的主体依然是目光,所以这个句子使用的是比喻的修辞而不是通感。说白了,通感是某一个事物你无法只用一个感官感觉去体验。闻到一缕淡淡的花香,你觉得很好闻,很舒服,感觉这花香是粉色的,这就是通感。你没办法只用嗅觉去描述你的感觉,连视觉也非要跑出来帮你更准确地描述当时的心境。

冯唐有一句诗很有意思:"春风十里,不如你。"我们可以理解成一个美好的人儿,她的味道比十里桃花还要芬芳。她温柔恬静,像轻柔的春风。嗅觉、触觉都出现了,作家其实用的就是通感的修辞。

一起来读一读诗人顾城的作品《安慰》,感受通感的魅力。

安　慰
顾　城

青青的紫葡萄
淡黄的小月亮
妈妈发愁了
怎么做果酱
我说:
别加糖
在早晨的篱笆上
有一枚甜甜的
红太阳

《安慰》是一首充满童趣、纯净明丽的叙事小诗,作于1980年10月。诗人借儿童的眼睛、儿童的口吻、儿童的想象去揭示 20 世纪 70 年代物质匮乏、生活困苦时期人民所应秉持的生活理想和人生真谛。青青的紫葡萄、淡黄的小月亮,这是看得见的事物,是成人的现实世界。在那个贫乏的时代,妈妈想做果酱,葡萄还是青的,一定很酸涩,没有糖真让人发愁。而小小的童稚的"我"想出的办法是:没有糖有什么要紧?因为在早晨的篱笆上/有一枚甜甜的/红太阳。原来,篱笆上的太阳是甜的,太阳能照常升起,生活就有希望。

文学家们都爱用通感,而通感也广泛存在于我们的日常生活感受之中。我们经常夸某人歌声甜美,这其实也是一种通感,歌声只能说是动听,怎么能是甜的呢?这里就是听觉和味觉的糅合。

作家汪曾祺说栀子花有一种"碰鼻子"的香,感觉花香都碰到自己鼻子上来了,这就是嗅觉和触觉的融合。

三、让感觉"乾坤大挪移"

作家三毛在散文《夏》里这样写蝉声:

夏天什么时候跨了槛进来我并不知道,直到那天上文学史课的时候,突然四面楚歌、鸣金击鼓一般,所有的蝉都同时叫了起来,把我吓了一跳。我提笔的手势搁浅在空中,无法评点眼前这看不见、摸不到的一卷声音!多惊讶!把我整个心思都吸了过去,就像铁砂冲向磁铁那样。但当我屏气凝神正听得起劲的时候,又突然,不约而同地全都住了嘴,这蝉,又吓我一跳!就像一条绳子,蝉声把我的心扎捆得紧紧的,突然在毫无警告的情况下松了绑,于是我的一颗心就毫无准备地散了开来,如奋力跃向天空的浪头,不小心跌向沙滩!

　　蝉鸣叫的声音是我们耳朵听到的,这是听觉,可三毛说蝉声像一条绳子,"绳子"是眼睛可以看到的东西,"把我的心扎捆得紧紧的","扎捆"的动作又涉及身体的感受,也就是触觉。在这里,作家的听觉、视觉、触觉产生了神奇的大挪移、大联合,把这种综合的感受写出来,便营造出了一种别样的美感。
　　诗人顾城的很多诗句里都有通感。

无名的小花

顾　城

　　割草归来,细雨飘飘,见路旁小花含露微笑而作。

野花,
星星,点点,
像遗失的纽扣,
撒在路边。
它没有秋菊
卷曲的金发,
也没有牡丹
娇艳的容颜,
它只有微小的花,
和瘦弱的叶片,
把淡淡的芬芳
溶进美好的春天。
我的诗,
像无名的小花,

随着季节的风雨，
悄悄地开放在
寂寞的人间……

星月的来由

顾 城

树枝想去撕裂天空
却只戳了几个微小的窟窿
它透出天外的光亮
人们把它叫做月亮和星星

由此可见，把自己不同感官的感觉沟通起来，借助联想引起感觉转移，有时候往往能突破语言的局限，增强表达效果和美感。

小诗人姜二嫚的成名作是她七岁时写的那首关于灯的诗。全诗只有两句，七个字：灯把黑夜/烫了一个洞。视觉和触觉发生了神奇的反应，就有了这首让人惊艳的诗。

写作练习

夏天天气炎热，知了在树梢鸣叫，以此为背景，写一个片段来表达你此时此刻的感受和心情吧。

第十一讲 | 细节与描写的组合拳

这里的"细节"指的是文学艺术作品中的细小情节。细节出亮点,细节决定成败,可以说细节是文学作品的血肉,没有细节,作品就失去了生命。这一讲要教你打一套细节和描写的组合拳。

"细节"二字是针对内容来说的,如要把作品中的人物、环境或者事件的某一局部、某个特征、某一细微事实生动具体地呈现出来。怎么呈现呢?那就要请"描写"这个工具来帮忙了,因为描写是针对写作方法的。但呈现细节内容却不止描写这一种方法。但把细节和描写组合起来用,却能取得更佳的表达效果。

一、生活中的耀眼细节

观察力足够敏锐,才能捕捉到生活中那些耀眼的细节。我们要做生活的观察者,在观察的时候,不能只是粗略地看个大概。例如,你写夏天的栀子花,就不能简单地说栀子花很香,它的花朵是白色的。作家汪曾祺写栀子花,细节就特别动人:栀子花粗粗大大,色白,近蒂处微绿,极香,香气简直有点叫人受不了,我的家乡人说是"碰鼻子香"。

观察事物的时候,我在写作课上强调过很多次。

首先,要"分部分观察",比如观察一棵贴梗海棠树,要把它的树干、树枝、树叶、花朵等分开来看。你会发现有条不紊地观察,就不会忽略那些重要的部分。原来,贴梗海棠树大多是一丛一丛的,它不像垂丝海棠那样秀颀挺拔,它的枝干上有尖利的刺。三月初开花的时候,橘黄色的花朵像是用薄薄的蜡片捏出来后再一片片贴在褐色的树枝上的,难怪叫"贴梗海棠"。观察了贴梗海棠的枝干、花朵后再去观察它的小嫩叶,不要胡子眉毛一把抓,这里没看仔细,目光又跑到别处去了。而写作的时候,就要运用局部细节法,对某一方面进行细节描绘。

其次,要运用多种感官,把视觉、听觉、嗅觉、味觉、触觉都打开。比如,贴梗海棠花由几片花瓣儿组成,什么颜色的,花蕊是什么样的?这是视觉上的把握。贴梗海棠花有香味吗?这是嗅觉。枝条上的尖刺很扎手,这是触觉。

最后,要注意变化,包括细微的变化。有一个学生写爬山虎写得特别生动,她注意到初秋的爬山虎,一部分叶子红了,一部分还是绿的,她写爬山虎叶片上的纹路,写爬山虎攀爬的姿态,让人印象深刻。因为她关注到了爬山虎叶片的细微变化,我们总以为秋天到了,爬山虎的叶子都变红了,但这个学生却注意到了那些细微的变化,这比想当然地去写叶片变黄了或变红了,更准确,更符合现实。季羡林在《神奇的丝瓜》一文里写道:丝瓜的秧不过像细绳一般粗,如不注意,连它的根在什么地方,都找不到。这样细的一根秧竟能在一夜之间输送这么多的水分和养料,供应前方,使得上面的叶子长得又肥又绿,爬在灰白的墙上,一片浓绿,给土墙增添了无限活力与生机。季羡林观察的视角是在有序变化的,这一段有画面感的文字,让我们见识到了细节的魅力。

细节也是重要的写作素材,它就像用来做菜的调料一样,少了细节,文章也会变得无味。不管是写人、记事,还是介绍某个事物、讨论某个问题,都要用具体的细节来支撑。

比如你说自己热爱画画，这句话就太笼统、太抽象了。你得用具体的细节来体现你爱画画，你可以写自己出门时背包里总带着速写本，遇到美丽的风景，埋头一画几个小时，会为了调出某种颜色而做出无数次尝试等等。甚至可以回忆你印象最深刻的写生经历。

介绍某件事的做法，也可以分三个步骤，这也是比较粗略的，每个步骤下面是否还有小步骤，具体的方法是怎样，需要用到哪些工具或材料，有哪些要点需格外注意，可能会遇到哪些问题，又该如何解决等等，这些也都是细节。比如，你学做菜，要炒一盘自己最爱的土豆丝，大致可以分为三步：第一步是要特意挑选那种黄心的土豆，它淀粉含量相对更低，炒出来的土豆丝更爽脆；第二步是处理食材，如削土豆皮、切丝等；第三步才是炒菜的环节。这三个大步骤后面又包含一些细枝末节的小步骤，炒土豆丝要想有灵魂，必须得放醋，这个小环节也很重要，你也要写进来的话，这一部分也是很重要的细节。

细节怎么来？大部分都是通过观察得到的，还有一些是从回忆中打捞出来的。有了细节之后，如何把它们写进文章里？就像我们有了食材，怎么将其做成菜一样。这时，根据不同的写作类型、写作目的，做法就有不同了。同样是一条鱼，做成酸菜鱼还是红烧鱼，烹饪手法肯定是不一样的。

二、描写要"淡妆浓抹"

描写只是诸多写作方法中的一种，通常被用在记事、写人、写景等包含着创意写作性质的文章类型里，目的是要把它讲得具体，可感知性强。比如，我一再强调写作要构造画面，让读者读了文字似乎能够看到那个画面,能够体验到那个情境。

如果我们要写一篇说明性的文章,比如介绍一个事物、告诉读者某件事该怎么做、解释某个问题背后的原因等等,细节依然是必不可少的。这时候呈现细节的方式就是直接说明,而不是描写,目的是要把事物的特点讲得准确、清楚、明白。

也就是说同样是为了刻画细节,到了落笔成文的环节,我们还要根据所写的文章类型、写作目的来选择合适的表现方式。笼统地说要给文章"增加点描写"或"增加点细节描写"是不恰当的。更准确的说法是要给文章"增加些细节"。先从内容层面上让文章立住了,然后再琢磨表现层面,看看怎么去呈现会更好。

如果模糊地说要给文章"增加点描写",还会让大家误以为就是要加点形容词、加点修辞什么的,那就失之毫厘差之千里了。

作家汪曾祺文学作品里的细节都很精彩,散文《豆腐》里写道:

> 香椿拌豆腐是拌豆腐里的上上品。嫩香椿头,芽叶未舒,颜色紫赤,嗅之香气扑鼻,入开水稍烫,梗叶转为碧绿,捞出,揉以细盐,候冷,切为碎末,与豆腐同拌(以南豆腐为佳),下香油数滴。一箸入口,三春不忘。

汪曾祺写栗子:

> 栗子的形状很奇怪,像一个小刺猬。栗有"斗",斗外长了长长的硬刺,很扎手。栗子在斗里围着长了一圈,一颗一颗紧挨着,很团结。当中有一颗是扁的,叫做脐栗。脐栗的

味道和其他果子没有什么两样。坚果的外面大都有保护层，松子有鳞瓣，核桃、白果都有苦涩的外皮，这大概都是为了对付松鼠而长出来的。

在阅读文学作品的过程中也要留心那些精彩细节，看看大文豪们是如何把握细节的。作家余华《活着》里那头和主人公福贵同名的牛在池塘边吃青草的画面让人惊叹：

> 那头牛已经从水里出来了，正在啃吃着池塘旁的青草，牛站在两棵柳树下面，牛背上的柳枝失去了垂直的姿态，出现了纷乱的弯曲，在牛的脊背上刷动，一些树叶慢吞吞地掉落下去。

描写人物心理活动，也可以通过一些细节来表现，让外部的细节和内心情感勾连起来。余华写穷困潦倒的福贵将女儿凤霞送人的一幕，不知让多少读者潸然泪下：

> 那一路走得真是叫我心里难受，我不让自己去看凤霞，一直往前走，走着走着天黑了，风飕飕地吹在我脸上，又灌到脖子里去。凤霞双手捏住我的袖管，一点声音也没有。天黑后，路上的石子绊着凤霞，走上一段凤霞的身体就摇一下，我蹲下去把她两只脚揉一揉，凤霞两只小手搁在我脖子上，她的手很冷，一动不动。后面的路是我背着凤霞走去，到了城里，看看离那户人家近了，我就在路灯下把凤霞放下来，把她看了又看，凤霞是个好孩子，到了那时候也没哭，只是睁大眼睛看我，我伸手去摸她的脸，她也伸过手来摸我的脸。她的

手在我脸上一摸，我再也不愿意送她回到那户人家去了，背起凤霞就往回走。凤霞的小胳膊勾住我的脖子，走了一段她突然紧紧抱住了我。

凤霞从小生病发烧，没钱治疗成了个聋哑人，她听不见也不会说话，所以父亲和女儿之间唯一的沟通就是"睁大眼睛看着我""她也伸过手来摸我的脸"，真的是无声胜有声啊！所以，写人物的内心活动，尽量不要只写"你想""我想""他/她想"。

三、写作有些"心机"又何妨

讲述本身并不是坏事，小说作品都混杂着讲述与展示，因为作者没办法只展示，而不用一点讲述。如果这样的话，所有的故事都会出奇地冗长。也就是说，表达要适当，尽量多去展现，少一点讲述效果会更好。

有的文章通篇都在讲述，作者把读者想了解的内容一五一十地写（讲述）出来，这样读者阅读的时候就不需要思考，也不需要想象了，因为作者把一切信息采用直给的方式，没有留白的余地。这就导致把话说得太满，而阅读的乐趣恰恰在于有思考的余地，有想象的空间。

什么是讲述？讲述就是作者用一句话或一段文字直接把情节、意思、心理活动等表达出来。这样做也是有好处的，那就是有一说一，不拐弯抹角，直截了当地把内容一股脑讲出来。而展现或者说展示的重点在于那些启示性的细节，因为那些细小却生动的事实或动作，能赋予人物更丰富的生命力。

展现和讲述不同，前者更侧重于将一个人、一件事、一个场景用画面感、多侧面的展示方式呈现出来。读者读这些内容的时候，往往更容易沉浸其中，脑海里会勾勒出那些画面，更容易进入作者营造的特定情境。展现的过程不能一味地讲述，而是要采用更为丰富的描写方式。比如，可以通过多种修辞手法，多侧面地描写，去呈现一个人的心理，从而更立体地刻画出人物的性格特征，反映人物的精神世界。

要想写一个人内心不开心的情绪，可以去描写天气，乌云、阴天、黏腻的空气、闷热、聒噪的鸟叫等，从侧面揭示其糟糕的心情，而不是直接讲其情绪低落。

与讲述相比，展现更符合读者的心理，也更灵活生动。所以，时刻记住：多展现，少讲述。

写作中也可以多采用间接描写，给读者留一些阅读与思考的空间。连海明威都说："最好的描写方法是间接描写。"技艺精湛的写作者，通常借助一系列的间接描写来暗示或呈现自己意在揭示的人物特点。针对人物的某一具体特征或属性（如优雅、诚实、机敏、迷人等）进行直接描述，或者直白地向读者讲述人物性格，这种写法不太高级。

那么，试试用间接描述吧。具体地、暗示性地向读者展示人物的特点，借此引领读者进一步体验、思考、感受人物与故事的发展，这才会让你的作品变得生动有趣。

在这里，分享一个我自己的小故事。

我发现，旅游也有一条鄙视链，背包客们瞧不起自由行的，自由行瞧不起跟团出游的。我出行，之前也不喜欢跟团，总觉得大家都团结在一个聒噪的导游周围，在导游认为的正确的时间、正确的地点、干正确的事，是一件特别没意思的事儿。后来，我改变了这个看法。偶尔跟团走，在旅行途中观察身边的人，其实很有趣。

　　有一次吃团餐，一盆成色不怎么样的红烧肉一端上来，一个阿姨的筷子上下翻飞，生怕自己少吃了一块肉浪费了自己几十块团费。我当时就觉得这个场景特别新鲜，我就开始想，这个阿姨，她是个什么性格的人，她平日的生活里是什么样子的等等。这里没有挤兑别人的意思，我只是想告诉你们，写作需要观察。想让自己在细节描写上日益精进，更是离不开平日生活里的观察。

　　我喜欢的作家张爱玲的小说里所充斥的大量的细节描写，张爱玲写世相，妙处就在于那些让人赞不绝口的细节。小说《半生缘》里，世钧和好友叔惠走进一家小馆子吃饭，然后遇到了曼桢，随后他俩坐在曼桢对面一起等待就餐。这时，发生了一个小插曲，叔惠嫌筷子脏，便叫跑堂的送两张纸来擦擦，但跑堂的走远了没听见。这时，曼桢帮两位男士洗筷子，张爱玲把她的长焦镜头对准了这有故事的一桌食客：

　　　　曼桢便道："就在茶杯里涮一涮吧，这茶我想你们也不见得要吃的。"说着，就把他前面那双筷子取过来，在茶杯里面洗了一洗，拿起来甩了甩，把水洒干了，然后替他架在茶杯上面，顺手又把世钧那双筷子也拿了过来，世钧忙欠身笑道："我自己来，我自己来。"等她洗好了，他伸手接过去，又说"谢谢"。曼桢始终低着眼皮，也不朝人看着，只是含着微笑。世钧把筷子接了过来依旧搁在桌上。搁下之后，忽然一个转念桌上这样油腻腻的，这一搁下，这双筷子算是白洗了，我这样子好像满不在乎似的，人家给我洗筷子倒仿佛是多事了，反而使她自己觉得她是殷勤过分了。他这样一想，赶紧又把筷子拿起来，也学她的样子端端正正架在茶杯上面,而且很小心地把两只筷子头比齐了。其实筷子要是沾脏了也已经脏了,这不是掩人耳目的事么?他无缘无故地竟觉得有些难为情起来,因搭讪着把汤匙也在茶杯里淘了一淘。

小说里这一搁、一拿、一架、一比,再一淘,把世钧的满腹心事出卖了。让我们不禁感叹,张爱玲这么敏锐的洞察力,谁敢和她同桌吃饭呢?

由此可见,写作时要多去展现细节,而不是直接简单粗暴地给出一个评价或一个答案。

写作练习

你目前正在阅读的作品中,作者运用的是直接讲述还是间接描写?那些间接描写暗示的人物特征又是怎样的?挑一个你喜欢的作品片段为模板,对一个人进行间接描写的练习。

第十二讲 | 给写作思维插上翅膀

> 想象力比知识更重要。
> ——爱因斯坦

一、想象力比知识更重要

想象可以让事实更生动,"想象力"一词看起来神秘莫测,总觉得它虚无缥缈,是只可意会不可言传的灵感。若去查词典,关于想象力的解释是:人在已有形象的基础上,在头脑中创造出新形象的能力。说白了,想象力是一种形象思维能力,本质上就是指一个人的联想能力。

每个物体都有着自己独有的属性,你手里此刻若拿着一个大大的柚子,你便可以真切地感知到它的形状、颜色、气味,试着剥开柚子皮吧,这时候你甚至可以听到清晰的噼噼啪啪的声音。这些我们能准确感知到的东西,往往就是我们产生联想和想象的动力和源泉。那么,试着为柚子写一段话吧!我是这样写的:

> 在我看来,柚子无疑是秋日水果界的庞然大物,你掰着手指头数一数,还有什么水果的个头能大过它呢?石榴、橘子、苹果、柿子的体格都比它小巧,也比它美貌。如果水果也有思想,柚子应该是个沉默的哲学家,你永远猜不透它躲在

粗糙厚重的皮背后在思考些什么。

    这段描写柚子的文字,从柚子的大个头到它其貌不扬的外表,再到厚厚的柚子皮这样的特性,这些都是现实生活中我们所能感知到的有效信息。有了这些现实的基础,再联想到柚子的沉默寡言,柚子的朴实无华,这样的想象和联想才会变得合理。因为这一系列的想象是以现实生活为基础的,胡思乱想可不行。另外,柚子或许还能让我们联想到那些内秀的、敦厚老实的人?同学们可以放飞你们的想象,谈谈你们对柚子这种水果的看法。

    同样,一提到蒲公英,很多同学就会想到它像小降落伞;而柳条则会让人想到春姑娘飘逸的秀发;流淌的河水,是春日欢畅的歌声……这些都是以现实生活为基础,也都与事物本身的特点密切相关。

    天才小诗人姜二嫚的诗歌里体现出来的那种不落窠臼的想象力让人过目不忘,主持人汪涵有这样的评价:"为什么姜二嫚的诗被人们喜欢,就是因为她有一颗童心,有一双发现的眼睛,充满想象。"的确,姜二嫚的诗歌里充满了旖旎的想象,我们一起读一读她六岁时写的一首诗。

光
姜二嫚

晚上
我打着手电筒散步
累了就拿它当拐杖
我拄着一束光

很多年前，作家韩寒只出了一期的杂志《独唱团》里收录了一首小诗，我至今难忘。

风

王子乔

谁也没有见过风，
不用说我和你了。
但是纸币在飘的时候
我们知道
风在算钱

姜二嫚把手电筒发出的光想象成一根拐杖，这首诗妙就妙在她的叙事是有个发展过程的。晚上出门散步，天很黑，需要借助手电筒的光来照亮前路。走累的时候，手似乎也没力气了，耷拉着的下垂的手，把光也垂直打到地上去了，这时候，光线就像一根拄在地上的拐杖。

王子乔写的关于风的诗歌，想象力也让人惊叹。风本身是看不见摸不着的，没有颜色，也没有味道，我们很难把风的样子描述清楚，但王子乔却借助外物来证明风的存在。风可以吹动掉在地上的纸币，"纸币在飘"是具体可感的东西，风吹动纸币，我们就"看到"了风，风也是个爱钱如命的家伙啊，你看它在算钱呢！

唐代诗人李峤早就教过我们这种方法，他写下过这样的诗句：

风

李　峤

解落三秋叶，能开二月花。

过江千尺浪，入竹万竿斜。

由此可见，人类的想象不是凭空产生的，所有的想象都是利用感知所形成的表象创造出来的。打着手电筒散步，手电筒发出的光是看得见的，是视觉能够感知到的，基于这一点，才能有接下来的想象——把手电筒的光对着地上，感觉自己拄了一根光的拐杖。照在地上的光和拐杖形状上有着极大的相似之处，这绝妙的想象其实是通过类似联想得到的。

二、四招让你走出思维泥潭

想象从来不是一步到位的，得先建立一个基础的模型，再不断添加细节，最终才能形成想象。

爱因斯坦说过："想象力比知识更重要。"知识更多的是对过去经验的总结和归纳，知识永远在更新迭代。每天都有大量的新知识、新内容涌现，知识的海洋是浩瀚无垠的，知识层面的内容永远也学不完。而想象可以带来新的理论规律的猜想，我们的思维方式和想象力尤为重要。想象力的提升并不是凭空来的，也需要刻意训练。要想提升想象和联想的能力，可以从以下几个方面入手。

1. 类似联想

寻找事物 A 和 B 之间的类似之处，可以借助比喻、类比思维进行联想。比如：有同学说天上的白云像爆米花，他是根据白云的外在形状和颜色联想到与之相似的爆米花。因为他发现这二者有着相类似的外在形状和颜色，这就是类似联想。我们来读一读诗仙李白的赏雪词作《清平乐·画堂晨起》，就能更好地理解类似联想。

清平乐·画堂晨起

李 白

画堂晨起,来报雪花坠。
高卷帘栊看佳瑞,皓色远迷庭砌。
盛气光引炉烟,素草寒生玉佩。
应是天仙狂醉,乱把白云揉碎。

清晨起床,来到华丽的堂舍,家丁来报,外面已是雪花飘坠。高卷窗帘看瑞雪飘飞,白雪渐渐弥漫了庭阶。雪花狂舞的气势如炉烟蒸腾,白色花草寒光闪闪,像挂满一身的玉佩。应该是天上的神仙狂醉,胡乱把洁白的云彩揉碎了。

诗人由天空中的雪花和洁白的云彩之间的相似性产生类似联想,想象天仙狂醉后胡乱把白云揉碎,于是就有了这漫天飞舞的洁白的雪花。

2. 对比联想

从相对的事物入手,比如由火联想到冰,我们说一个人热情似火,另一个人冷漠如冰。年轻人是朝阳,老年人是夕阳。火和冰,朝阳和夕阳都是相对的事物。天地、阴晴、好坏、美丑、高矮、胖瘦、长短、大小、多少,这些有对比的词都能通过对比联想给我们带来更多的灵感。写作中的对比、反衬、欲扬先抑都来源于对比联想。

在作家许地山借物喻理的名篇《落花生》中,就是将朴实无华的花生和枝头上鲜红诱人的苹果、桃子等水果进行对比,从而让读者对落花生的品格产生更深刻的认识。

爹爹说:"花生的用处固然很多,但有一样是很可贵的。

这小小的豆不像那好看的苹果、桃子、石榴,把它们的果实悬在枝上,鲜红嫩绿的颜色,令人一望而发生羡慕之心。它只把果子埋在地底,等到成熟,才容人把它挖出来。你们偶然看见一棵花生瑟缩地长在地上,不能立刻辨出它有没有果实,非得等到你接触它才能知道。"

花生是长在泥土里的,它没有华丽的外表,这就和那些高挂在枝头的貌美诱人的水果产生了强烈对比,从而凸显出花生默默奉献、不图虚名的品格。

3. 关联联想

从相关联的事物入手,如诗句"不知细叶谁裁出,二月春风似剪刀。"细密柔美的柳叶就像心灵手巧的裁缝剪裁出来的一样,而什么能和裁缝产生关联呢?当然是剪刀,所以二月的春风自然可以比作剪刀了。

关联联想还有很多呈现模式,比如,看到康乃馨就会联想到母亲、恩师;看到玫瑰花就会想到情人节;看到洁白的翅膀就会想到天使,这都是关联联想。

诗人顾城的短诗《弧线》,就是由生活中四种常见的事物想到它们的共同点——近似几何中的弧线。鸟儿飞行的弧线、少年弯下的腰肢、葡萄藤弯曲的触丝、海浪的曲线,这里包含了动物、植物、人类和其他事物四个剪辑画面,这就是一种关联联想。

弧　　线

顾　城

鸟儿在疾风中,

迅速转向，
少年去捡拾，
一枚分币。
葡萄藤因幻想，
而延伸的触丝。
海浪因退缩，
而耸起的背脊。

4. 因果联想

因果关系很重要，什么原因就会造成什么结果。因果联想也就是逻辑联想，就是由原因想到结果，由事物的正面想到反面。比如："危楼高百尺，手可摘星辰。"这就是因果联想，因为楼特别高，所以似乎能摘到天上的星星。诗句"遥知不是雪，为有暗香来。"这也是典型的因果联想。

要想提高自己的想象和联想能力，图像化思考很重要，把看到的听到的，在脑海中转化为图像，再动笔写下来。想象力因人而异，一千个人心中有一千个哈姆雷特，一千个人心中也有一千个林妹妹。

想象力受限于人的见识和知识，因此在日常生活中我们要对事物保持好奇心，注意寻找事物之间的联系，要学会多问"为什么"，保持旺盛的观察力、学习力。想象力是写作的沃土，写作也是想象力的舞台，一定要多写多练习。

写作练习

想象你在海边捡拾到一枚贝壳，这枚贝壳是什么颜色的，什么形状？像冰淇淋吗？像龙卷风吗？还是像一座精美的城堡？大胆想象，去创作属于你的故事吧！

第三单元

写作和记忆的神秘关系

第十三讲 | 回忆是写作素材宝库

一、作者必备的三个仓库

作家秦牧曾经说过:"一个作家应该有三个仓库:一个装生活中得来的素材;一个装间接素材的仓库,即装从书籍和资料中得来的素材;另一个就是日常收集的人民语言的仓库。有了这三种,写作起来就比较容易。"这一段话我觉得每一个写作者都应该认真去执行。要想在写作上得心应手,必须要有足够的素材积累。

很多同学一到写作的时候总是抓耳挠腮写不出东西,或者不知道写什么。其实不是你不会写,而是你脑子里缺乏写作素材。素材积累越具体,越容易写出好文章。

我在写作课上不止一次跟大家强调,要谋定而后动,谋划准确周到而后行动。在我们动笔写作之前,最重要的一件事就是收集素材,有了素材才能谈构思,谈谋篇布局,最后才是动笔写。

二、充实素材"弹药库"

很多同学说:"我也想写出新意,我也想别开生面、另辟蹊径啊!可是,就是苦于没有好素材。"这就像你要请客来家里吃饭,你诚心诚意地想做一顿丰盛的家宴招待朋友们。也许前一天甚至提前很久你就开始准备食材了。海参需要泡发,鲍鱼也要炖煮得恰到好处，你打算露一手，做一道拿手的佛卡夏面包，橄榄油也必不可少，而且还要提前十几个小时发酵面包粉。这些准备工作你都是统筹安排妥当的，不可能朋友都来家里了，都坐上桌了，你才手忙脚乱进厨房去准备食材。写作也是同样的道理，要做个有心人，在平时的生活中就要多观察、多积累、多收集素材。

有人总抱怨自己写作的时候没有灵感，很羡慕那些灵感爆棚的人。可是，灵感就像森林里的兔子，是需要追的。做一个守株待兔的人，灵感这只兔子是不会撞到你的树桩上来的。

那么如何收集素材，如何建立自己的素材库？

首先，认识明确——写作素材就是写作的原始材料，是子弹。

就像木头是原始材料，经过匠人的精细加工可以做成椅子、柜子、书桌等等。你想做一顿丰盛的晚餐，就先得考虑好是做中餐还是西餐。先确定好做什么，这就像是先确立写作的中心一样，接下来你才能去采购食材。经过一番深入思考，你心中已经列出来了一个菜谱，肉类、蔬菜类、主食类、调料类甚至是这一顿晚餐需要搭配什么水果，你都要先考虑周到。而且所有的食材买回家后，它们都是装在蔬菜筐子里的，接下来就需要你进一步加工处理。这和写作有异曲同工之妙。

写作素材相当于是你的子弹。尤其是在应试作文中，语文试卷的最后一道作文题就像一个战场，不给你丝毫撤退的机会。有的同学准备的"子弹"不够充分，就会硬着头皮开战，结果就很狼狈。而那些弹药充沛的同学，一切就志在必得。

其次，方法得当——写作素材种类繁多，我们要像储蓄一样学会积攒写作素材。写作是往外输出的过程，而积累素材、获得灵感是输入的过程。储蓄的工作做得不到位，一味地输出，最后就会面临入不敷出的局面。

那些无意间听说或看到的事情,某个声音,一段记忆,别人的经历或者你头脑中偶尔灵光一闪的点子,都有可能变成你的写作素材。

春天经过一片蔷薇花海,烂漫的花儿开得正艳,春风徐来,清香阵阵。我在欣赏这些花儿的时候,没有想过有一天它们会走进我的文字,为我的写作助力。可是,我在写一部小说的时候,写到主人公在一个春日的傍晚散步,我就想起了那片曾为之驻足的蔷薇花海。那个明媚的春日,那让人难以忘却的馨香,像电影中的回忆镜头,在我脑海里一帧帧放映。这一刻,写作灵感自然也就来了。

收集写作素材是一项充满趣味和无限可能的工作,要想让自己灵感源源不断,可以从以下几个方面入手:

1. 留意身边的人、身边的事、身边的风景

家里、学校、社会,这三方面加起来已经是一片广阔的天地了。我们要做一个知冷暖、有敏锐观察力的人。在生活中,我们要坚强,但在写作中,我开玩笑说,大家最好要拥有一颗"玻璃心"——敏感细腻,能细致入微地体察生活。

写作课上,我曾经让小学员们读过作家王子君的《美德的香气》,讲的是关于问路的故事。大致是有位女士找"我"问路,问某个酒店怎么走,"我"一时记不得了,建议她再去问问别人。可"我"转过弯,走过半条街,看到街边大楼门口的年轻保安,问清楚之后"我"快步折返,去招呼那位问路的女士。女士见"我"特地折返回来给她指路,格外感动。通过"我"给那位女士指路,联想到几年前自己问路的事情。

读完这篇清丽隽永的散文,我让学生交流探讨自己经历的与"美德"有关的温馨故事,大家都很犯难,说从来没有被人善待过,

没有遇到过有美德的人。说实话,听学生这么讲,我还是有些难过的。现在的孩子似乎都特别忙,有做不完的作业,有安排得满满当当的补习课程,他们的生活余量被压缩得所剩无几,没有时间去郊游,没有时间和小伙伴玩耍,甚至顾不上停下来看看附近的变化,更别提去关注身边的陌生人了。

步履太匆匆,就会忽略掉身边的人、身边的事、身边的风景。

2. 各种新闻、故事的收集

积累素材是我们时时刻刻都在做的事情,要做个有心人,认真体察生活。你也会发现,平时有素材积累习惯的同学,写作的时候,思绪畅通,下笔如有神助。如果到了要写的时候,你才想着去收集素材,势必要影响写作速度和质量。写作就像打仗,厉兵秣马在平时,积累是关键。

2020年8月的一个周末,发生在迪士尼的故事深深打动我。当时,澎湃新闻、腾讯网都报道了这个感人至深的故事:父母为了"挽救"女儿的童年,与上海迪士尼"合谋编出"一段现实版《玩具总动员》。一个周末,陈先生夫妇带上幼儿园大班的女儿去迪士尼玩,小女孩心爱的布娃娃"蒙奇奇"不小心丢在停车场,陈先生一家折返回去寻找,遗憾的是没有找到玩偶。小女孩弄丢了自己最心爱的玩伴,坐在车里默默流泪,陈先生觉得自己女儿的童年在那一刻似乎要结束了,他联想起自己的童年经历,失去心爱玩偶的失落像心里的一个洞,他不希望女儿再重复一次。于是陈先生买了一个一模一样的玩偶,和太太一起加了一些做旧处理,参照之前的照片,把新的蒙奇奇的鼻子仔细地做了磨损,帽子上也精心地添上了污渍,还捏了上千次蒙奇奇的肚子,尽量让它不要像新的那样有弹性。之后,陈先生再次来到迪士尼,去失物招领处询问是否有人捡到女儿丢失的那个小玩偶,希望再次落空。陈先生提出一个请求,问能否把自己带来的小玩偶寄存在失物招领处,过几天,等周末再带女儿来拿。

工作人员表示很抱歉,因为按照乐园规定,不能寄放游客的物品。于是陈先生把女儿的故事跟工作人员说了一遍,听了陈先生和女儿的故事,工作人员一改之前为难的态度,说愿意配合陈先生让她女儿圆梦。

周末那天,工作人员也很配合,他们像面对一个普通报失一样,仔细询问小女孩丢失玩偶的时间和地点,还公事公办记录了详细的失物特征。最后,工作人员进屋去寻找,出来的时候,手里不仅有陈先生那天送去的小玩偶,还有一个新怪物电力公司的玩偶。

更让人感动的是,迪士尼的工作人员还送给小女孩一张小卡片,上面写道:"你好!听说你和心爱的小奇奇走散了,不要难过,看!小奇奇又回来了!原来,是一直守护着你的天使找回来的哟!"留言落款处的署名是:"爱你并守护着你的天使。"

这个故事之所以让我如此动情,是因为这对父母守护了小女孩儿的童心。当然,迪士尼工作人员的那份暖心举动,也让我格外动容。

讲这个故事的目的是想告诉大家,一些新闻故事,也是很好的写作素材。假如让我写歌颂父爱、母爱为主题的文章,这是不是就是很棒的素材呢?

3. 看电影,也能为写作助力

最近有没有看精彩的电影?我前几天重温了意大利导演罗伯托·贝尼尼执导并主演的经典影片《美丽人生》,心灵再次受到震撼。当然,我只是举个例子,对学习写作的学生来说,很多影片都值得大家认真去看一看,比如《冰河世纪》《功夫熊猫》《一条狗的使命》《放牛班的春天》《小王子》《银河补习班》《小飞象》《石中剑》等等,这类电影往往也会引起你的思考,给你带来新的认知。如何把故事讲精彩,怎样塑造人物形象,矛盾冲突如何呈现等等,这些电影里的技巧都是可以运用到写作中去的。

看了精彩的影片,还可以写影评。同样,在开写之前,你要先去搜集电影方面的资料,比如导演是谁,他有什么艺术成就,他的电影一般是什么风格?这部电影什么时候放映?电影主要讲述了什么?你觉得哪一部分最精彩?这部电影想告诉我们什么道理?这些都值得去思考、去讨论。

4. 小故事收集

我们不爱看那些陈词滥调的说教文章,喜欢看一些有趣生动的故事。有的故事自成观点,比如揠苗助长的故事;有的故事对人很有启发,比如愚公移山——我们都可以收集起来,用到自己的文章里去。还有一些是真人真事,如名人故事。你可以把听来的、看来的故事用到文章中。总之,写作素材无处不在,只要你有善于发现的眼睛和心灵,不愁没有写作素材。

5. 记录自己的亲身经历和感悟

不要小看自己的经历,很多时候我们写作都取决于这些经历和感悟,阅历浅显的人很难写出深刻的东西。

比如,你要写黄山游记,可是你从来没有去过黄山,你没有游览黄山的亲身经历,就很难写出游记来。很多同学在寒暑假都会出门旅行,可是对有些"低头族"来说,旅行只不过是换了个地方刷手机而已。有的人跟着导游东奔西走，匆匆赶路，走马观花式地拍照打卡，你若没有沉浸式地去感受过别处的风景，如何能写出独有的感受和意境？全凭想象和虚构，是很难让人有共鸣的。

试想，你想写一篇与宠物有关的文章。可是你从来没养过宠物。你没有和小猫小狗朝夕相处的经历，不知道小动物们的习性，更别提彼此之间的亲密互动了。那么，如何能写得生动具体，怎样才能把你对宠物的情感表现得淋漓尽致，这一切无疑都是纸上谈兵。

由此可见，写作需要一定的生活经历，见过，听过，触摸过，思考过，才能根据具体情境，去表达出自己的真实情绪和情感。

我写了很多年的小说，再清楚不过，让人费神的永远都是具体情境，而不是情节。同理，中小学生写一篇记叙文，你能写出来，但是一涉及具体的情境，就缺乏生动的直击人心的细节。要想改变这般窘境，只能在平时的生活中多留心观察，甚至是刻意去训练自己的观察能力，一旦有了好的想法，或者灵感突然来临，你一定要准备好纸笔，将灵感迅速记录下来。长此以往，定会收获颇丰。

6. 让经典文学作品滋养你的心灵

经典文学作品是一方沃土，是阳光雨露。宏大的抽象的价值、益处我就不多讲，只讲如何从文学作品中收集写作素材。

（1）人物收集

人物收集涵盖外貌（着装）、心理、动作神态等方面，如果你不擅长人物描写，可以收集一些名著里的内容。还是那句话，多看多练，先从模仿开始，看得多了，自然就会了。

比如,你读《小王子》,就会被这样的文字打动:

第一天晚上,我睡在荒芜孤寂的沙漠上,如同乘着木筏、漂浮在大海中的遇难者。你们可以想象得出,当太阳升起时,耳边一个陌生细小的声音将我喊醒的那一刻,我那种难以形容的惊讶。那声音说:"请你……请你给我画一只绵羊!"

"嗯!"

"给我画一只绵羊……"

我好像被雷击中了一般地从地上跳了起来。我用力揉揉眼睛,仔细地看着眼前的一切。站在我面前的是一个奇特的小人,他正神情严肃地审视着我。

小王子这个主人公以怎样的姿态出场?对话怎么写才符合小王子这个外星人的身份?他的出场,会指导故事如何前行?你若带着这些思考去读这段文字,一定会有收获。

(2) 情节收集

把你看来的、听到的情节收集起来,等用的时候,换成不同的背景,加工一下,嫁接一下,剪辑一下,又是一个新的故事。

有了这些丰富的资料,还需要一间装这些素材的"大仓库",得把它们分门别类储存起来。每次写作的时候,提前去"仓库"里看看,找出那些用得着的,拿出来加工一下,就成了一篇文章。

写作练习

同学们,请分享一下自己收集写作素材的好方法吧!

第十四讲 | 动物叙事的妙趣

动物不仅有感情,而且还有跨物种的情谊。很多小朋友都喜欢小动物,也养过宠物。假如要去逛动物园,估计小朋友们都会欢呼雀跃。2021年1月26日,一篇名为《孤独矗立的动物园》的长文在朋友圈刷屏。也是在那一天,南京红山森林动物园的园长沈志军"火"了。原来,红山动物园是中国最早成立的动物园之一,也是中国第一个取消动物表演的动物园。那篇文章爆火之后,我们也记住了那个国内最尊重动物的沈园长,那个相信万物有灵的"百兽之王"。

动物是人类的朋友,很多影视作品、文学作品的主人公就是动物。比如沈石溪的动物小说集、冯骥才的《珍珠鸟》、老舍的《我们家的猫》、美国作家E.B.怀特的童话《夏洛的网》等。

那么,如何写好与动物有关的文章,也是需要我们勤于观察,认真构思的。

一、动物是儿童文学的主角

写一篇名为"我的宠物"的文章,有两个写作方向:一是写现实生活中你养过的宠物,这相对容易,因为你和宠物有交集,你们之间发生过一些温情、有趣的事情;二是如果没养过宠物,那就得从另一个角度出发,可以去写一只你从前想养却没有养过的宠物,这就需要你发挥自己的想象力,当然,相关知识的积累也很重要。

你要写的这只宠物,可以是现实生活中你养过的任何动物,一只猫、一只小狗、一只小乌龟、一只小仓鼠等等。还可以来一次挑战,写一只恐龙——看过《冰河世纪》的同学可能对虚拟世界会有更丰富的认知。

二、玩转动物的动态速写

1. 让宠物精彩亮相

你的头脑里似乎有一台摄影机,能拍摄出宠物的样子。还有,你是怎么得到它的,它爱吃什么,在什么地方睡觉,它有什么特别之处,它是怎么和你的家人、朋友相处的?

2. 你养宠物的动机是什么

既然是写宠物,我们得弄清楚人们养宠物的动机是什么,因为动机决定行为。不能仅仅只为了写这只宠物泛泛而谈。养宠物的原因有可能是基于陪伴的需要、爱的需要,比如你觉得小猫乖萌可爱,很喜欢小猫,就想养一只猫。还有些人养宠物,也许是想体验做父母的感觉,有人就亲昵地叫自己的宠物"宝贝"。总之,养宠物都是有原因的,那么,你为什么养宠物呢?

3. 打造亮点

有一句话叫"物似主人形",通过描写一只宠物的形象还可以刻画出主人的形象。写宠物,当然离不开写宠物的主人。主人和宠物如何互动？主人如何打扮宠物？比如，主人爱美，就把小狗打扮得漂亮亮的，给它买造型别致的宠物衣服，带它去宠物店美容等，还有很多方面，比如宠物像主人一样聪明、机灵、善良等等。

我们有时候会觉得有些人看上去和他的宠物长得很像，有的宠物长得像他的主人。为什么会出现这种情况？伦敦有位摄影师以拍摄宠物和人像闻名，他拍摄许多人物与宠物的对比照，宠物和人长得很像的照片让网友禁不住调侃道：这真的不是亲生的吗？

与之相反，也有另一种情况，那就是主人和宠物完全不像，比如主人孔武有力，可它养的宠物却玲珑小巧。总之，在写作中，要学会打造亮点。

著名动物小说作家沈石溪写过一只有血痣的狗，读过该小说的同学也许被这条叫花鹰的猎狗感动过。小说一开始就写这条狗与众不同，长了一颗被主人视为不吉利的血痣，被主人抛弃了。后来它流浪到作者家里，作者自认为不是个迷信的人，可和花鹰出门不是摔伤腿，就是掉进河里，他这时也认为是花鹰给他带来了霉运，就把花鹰赶出了家门。花鹰依然深爱着作者这个新主人，当主人遇到危险的时候，勇敢的花鹰义无反顾地冲上去救主人——狗是人类最忠实的朋友。

作家笔下的花鹰极具特点，人们读过花鹰的故事，就深深地记住了它。

三、叙事要呈锯齿状

清代作家袁枚在《随园诗话》里有言："文似看山不喜平。"意思是说写文章好比观赏山峰那样喜欢奇势迭出，最忌平坦无奇。

要想做到这一点，多观察、多积累很重要。

其实，我们与写作的关系有点像朋友之间的礼尚往来，互动多了（练习多了），你对它用心，把它当回事，它自然对你笑脸相迎。你对它不理不睬，不冷不热，它怎么会对你热情呢？只要多加练习，"文思泉涌"指日可待。

附老舍的《母鸡》一文，可以更好地理解何谓"奇势迭出"。

我一向讨厌母鸡，不知怎样受了一点惊恐。听吧，它由前院咕咕到后院，由后院咕咕到前院，没完没了，并且没有什么理由。有的时候，它不这样乱叫，可是细声细气的，有什么心事似的，颤颤巍巍的，顺着墙根，或沿着田坝，那么扯长了声如泣如诉，使人心中立刻结起了个小疙瘩来。

它永远不反抗公鸡。可是，有时候却欺侮那最忠厚的鸭子。更可恶的是，当它遇到另一只母鸡的时候，会下毒手：趁其不备，狠狠地咬一口，咬下一撮儿毛来。

到下蛋的时候，它差不多是发了狂，恨不得让全世界都知道它这点成绩，就是聋子也会被吵得受不了。

可是，现在我改变了想法，因为我认识了一只孵出一群小雏鸡的母鸡。

不论是在院里，还是在院外，它总是挺着脖儿，表示出世界上并没有可怕的东西。一个鸟儿飞过，或是什么东西响了一声，它立刻警戒起来，歪着头听，挺着身预备作战，看看前，看看后，咕咕地警告鸡雏要马上集合到它身边来。

当它发现了一点可吃的东西，它就咕咕地紧叫，啄一啄那个东西，马上便放下，教它的儿女吃。结果，每一只鸡雏的肚子都圆圆地下垂，像刚装了一两个汤圆儿似的，它自己却消瘦了许多。假如有别的大鸡来抢食,它一定出击,把它们赶出老远,就连大公鸡也怕它三分。

它教给鸡雏们啄食,掘地,用土洗澡,一天教多少多少次。它还半蹲着——我想这是相当劳累的——教它们挤在它的翅下、胸下,得一点儿温暖。它若伏在地上,鸡雏们有的便爬到它的背上,啄它的头或别的地方,它一声也不哼。

在夜间若有什么动静,它便放声啼叫,顶尖锐,顶凄惨,使任何贪睡的人也得起来看看,是不是有了黄鼠狼!

它负责、慈爱、勇敢、辛苦,因为它有了一群鸡雏。它伟大,因为它是鸡母亲。一个母亲就必定是一位英雄。

我不敢再讨厌母鸡了。

《母鸡》一文里作家老舍以情感变化为线索,前后形成了鲜明的对比。前半部分写母鸡的聒噪吵闹、欺软怕硬和高调炫耀,读完这一部分内容,一只让人生厌的浅薄、媚俗的母鸡形象呼之欲出。后半部分话锋一转,观察点放在一只孵出一群小鸡的母亲身上,花了相对较多的笔墨去描写这只母鸡的负责、慈爱、无私和勇敢,从而塑造出了一位"伟大的鸡母亲"的形象。作者对母鸡的情感由最初的"讨厌"转变为后来的崇敬,感情和态度先后迥然不同。这种鲜明强烈的对比,让读者在阅读的时候产生一种幽默逗趣的感觉。这就是情节起伏有度给读者带来的意外和欣喜。

《母鸡》的故事看似简单,但它自身有一种力量来传递某种意义。"文似看山不喜平",老舍对母鸡的情感是有起伏、有波澜、有变化的,这种写作情感的处理方式吊足了读者的胃口,让人欲罢不能。试想,如果缺失了前文讨厌母鸡的那一部分内容,一上来就去讴歌那只勇敢的、负责任的、充满母爱的母鸡,情感就显得太平直了,表达效果也会大打折扣。

要想写好动物类的文章,细致入微的观察必不可少。因为没有观察就没有细节,而细节不是凭空产生的。以老舍的《我们家的猫》为例:

> 它要是高兴,能比谁都温柔可亲:用身子蹭你的腿,把脖儿伸出来让你给它抓痒,或是在你写稿子的时候,跳上桌来,在稿纸上踩印几朵小梅花。它还会丰富多腔地叫唤,长短不同,粗细各异,变化多端。在不叫的时候,它还会咕噜咕噜地给自己解闷。这可都凭它的高兴。它若是不高兴啊,无论谁说多少好话,它一声也不出。

这一段文字让人拍案叫绝,猫高兴的时候是怎样的表现,和主人有着怎样的互动;它的叫声多么有特点;不叫的时候会怎样;不高兴的时候又如何……老舍爱猫是出了名的,他像爱自己的孩子一样爱猫,猫的淘气、古怪的性格都被老舍深情地捕捉到了,所以他写猫的文章才那么撼动人心。

读一本书也好,读一篇短文也罢,都要保持思考的习惯。有思考的阅读才是有意义的阅读。老舍这一段写猫的文字,就值得初学者去学习、去模仿。试着像老舍那样多用动词吧,精准、形象的动词会为你的描写加分哦!

写作练习

选一个你最喜欢的动物,它是什么样的?你为什么会想写它?最有趣在哪里?你们之间的关系又是怎样的?拓宽你的写作视野,去回忆那些触动人心的细节,去打捞那些动情的故事。开写吧!

第十五讲 ｜ 限量版的童年碎片

相信每个人的童年时期都拥有过珍爱的玩具,也许是一个布娃娃,也许是一把玩具水枪,也许是一盒积木。随着生活水平的提高,现在孩子们的玩具种类越来越丰富,这些玩具大都有一个共同点:都是商品。回想起来,我小时候是没有什么玩具的,我们得到大自然中去寻找可以玩的东西。比如:抓石子儿(需要技巧,也有相应的游戏规则);到山林里砍一根藤条当跳绳;拿粉笔在地上画方格跳房子;用竹子做溜冰的滑板……我玩过的这些东西对很多人来说,可能是陌生的,是遥远而过时的,可是这些朴实无华的玩具,却像天边那抹绚烂的彩虹,装点了我童年的天空。那么,你最难忘、最珍惜的玩具又是什么呢?

一、找回童年的稀世珍宝

先找出你最喜欢的三件玩具,按照喜欢的程度来排名,确定自己最喜欢的玩具是哪一个。讲述你和这个玩具的故事:

△ 这个玩具有什么特点?描述玩具的大小、形状、颜色、材质等外形特征。

△ 你是如何得到这个玩具的?打开回忆的开关,让故事自然生长。

△ 它好玩在哪里？

△ 它的到来让你有什么改变？角色需要变化、成长。

不要把玩具的范围框得太狭窄，小汽车、滑板车、积木、芭比娃娃是玩具，这些是花钱买来的，还有一些给你带来快乐但免费的玩具，也别忽略了它们。一棵树、一座沙丘、一个小土堆、一根植物，甚至一只蚂蚁有可能都是你玩过的东西。作家毕飞宇小时候的很多玩具，都是从大自然中获得的。他写过一篇回忆童年的散文——《蒲苇棒》。

先来看看蒲苇棒的样子，文章开头就很生动，就算我们没见过蒲苇棒，读到这段文字，也会在脑海中勾勒出蒲苇棒的轮廓来。

> 到了深秋，男孩子们都喜欢到水边去采集蒲苇棒。所谓蒲苇棒，其实就是蒲苇的种子。每一棵蒲苇到了青春期之后，它的中间部位就会长出一根独特的硬秆，顶头毛茸茸的，这就是蒲苇棒。到了盛夏，蒲苇棒差不多就发育成熟了，大拇指那么粗，十到十五厘米那么长。可是，这时候你是很难注意到它们的——在盛夏，蒲苇的叶子实在太妖魅、太高调了，它修长、柔美，还挺括，在叶子们铺天盖地的摇曳中，蒲苇棒呆头呆脑的，像幼儿园大班里正在跳舞的小男生。
>
> 入秋后，蒲苇的叶子萎靡了。它们越来越枯，越来越黄，一点一点耷拉下去了。蒲苇棒没动，却挺立了出来。远远地望过去，茂密的蒲苇丛里全是直立的蒲棒，一根一根的，骄傲得跟什么似的。

由此可见，玩具这个概念是广义的，"蒲苇棒"这个玩具是大自然的馈赠，给作者的童年带来了很多欢乐。我们来看看作家毕飞宇是如何描述这个特别的玩具的。

蒲苇棒哪儿来的——深秋时节,男孩子们在水边采来的。

什么是蒲苇棒——我们每个人都不可能知道这世间的一切,每个人都存在认知盲区,也许很多学生都没见过蒲苇棒,可是写作者厉害的地方就在于通过他的描述,让就算没见过蒲苇棒的人,也能通过文字对这种植物有一个大概的了解。哦,原来,蒲苇棒就是蒲苇的种子。

蒲苇棒是什么样的——蒲苇成长到一定的时候,就会结出种子,"它的中间部位就会长出一根独特的硬秆,顶头毛茸茸的",就算是给读者介绍蒲苇棒的样子,这里面也存在一个时间暗线,这就是写作的顺序:(初夏时节)蒲苇棒的青春期—盛夏(种子发育成熟,大拇指粗,十到十五厘米长)—入秋后(蒲苇的叶子萎靡枯黄,可蒲苇棒却挺立出来,根根直立)。

既然蒲苇棒是男孩们的玩具,玩具该怎么玩儿,这个独特的玩具给作者带来了怎样的乐趣,这才是重点,因为玩具就是让人快乐的。

但对男孩子们来说,蒲苇棒却有用,主要用来打仗。男孩子们把蒲苇棒采回来了,先放在天井里,晒,晒干了,再悄悄地保存起来。冬天一定会来,暴风一定会来。在冬天的暴风来临之后,男孩子们的战争也就开始了。

原来,蒲苇棒成了男孩子们玩打仗游戏时的武器,因为蒲苇棒中间有一根茎,外面包裹的却都是绒,孩子们用蒲苇棒去攻击"敌人"的时候,绒毛很软,不会使人受伤,也不会使人感到多疼,可以说这是打斗效果好安全系数高的武器。干燥的绒毛一棒打下去,如同炸弹一般炸开,"弹片"白花花的,软绵绵的,像慢镜头下的一场纷纷扬扬的大雪。

蒲苇棒是作者儿时的玩具,一定也在情感方面给作者带来一些慰藉,或者说对作者也有一些启发。和小伙伴们一起无忧无虑地玩蒲苇棒的童年岁月,回忆起来都是快乐。可作者看到打斗之后,漫天飞舞的蒲苇棒的绒毛,不禁感叹道:"无论你多么弱小,大自然都会给你张扬自身的机会——见过蒲公英种子的飞翔吧?见过,对,那些小小的、毛茸茸的'降落伞'的底部都有一颗种子,'降落伞'停在哪里,种子就会种在哪里。"

"一切景语皆情语",谁说不是呢?

二、创新才能"走花路"

写文章,哪怕是写你的一个玩具,如果写的是别人都知道的东西,与这个东西之间发生的故事你讲不好,别人就有可能厌倦,读不下去。如果选择一个新奇的小玩具来写,就会给人带来新的期待和新奇的感受。

说到创新,不是让你上天入地去找别人没见过、没听说过的新奇东西,毕竟写作不能脱离生活实际,一个玩具本身有可能是平凡的,但是你对这平凡的东西有了新奇的发现,这就值得写。

比如,你最爱的是芭比娃娃,你有什么新奇的发现呢? 比如,发现给芭比娃娃扎辫子也不是那么容易的事,说起来容易做起来难。有时候两条辫子好不容易扎好了,却一边高一边低,影响美感。这种玩芭比娃娃时发生的一些故事就值得书写,这对你来说就是新的发现。

不要为没东西写而烦恼,我们每个人日常遇到的都只不过是平凡的事物,可是这些平凡的东西里却蕴含着无限的内容,只能去好好观察,细细体味,才有发掘到新的意味的可能。

三、至情至性写实境

　　学习写作就像学书法一样可以临帖,也像学绘画一样可以写生。找出你最爱的玩具,细心观察揣摩。当然,你在写作课上不能现场掏出个玩具来边观察边写作,这些准备工作在平时的生活里就得一点点积累,所谓的"做个有心人"就是这个意思。私底下的写作训练完全可以从写生式的写作入手,这样才更容易做到言之有物,不偏离生活。

　　比如,你写玩具水枪,脑海里就要想到你的水枪是迷你的还是大的。你一般喜欢在什么地方玩水枪,是在湖边和小伙伴"开战"还是在水上乐园自娱自乐?可以将那个实际的情境勾勒出来。

　　作家毕飞宇曾写过很多篇回忆自己儿时玩过的东西的文章,他儿时的玩具都很特别,连村子里的一棵桑树都成了他和小伙伴们的玩具。

　　　　我们时常要开会。所谓开会,其实就是为做坏事做组织上的、思想上的准备。到哪里偷桃,到哪里摸瓜,这些都需要我们做组织上的安排和分工。我们的会场很别致,就是一棵桑树。世界上还有哪一种玩具可以成为会场的呢?只有桑树。一到庄严的时刻,我们就会依次爬到桑树上去,各自找各自的枝头,一边颠,一边晃,一边说。

　　由此可见,作者具备对实际情境超强的洞察力,才能写出如此生动的文字,从而触动读者的心灵,让读者共情。"我们就会依次爬到桑树上去,各自找各自的枝头,一边颠,一边晃,一边说。"读到这里,读者也会感觉自己是作者童年玩伴的一员,而桑树就是会场和独一无二的玩具。

写作练习

写一写你最心爱的玩具。它的特别之处以及它带给你的快乐,要重点去展示。

第十六讲 | 一张照片开启一个故事

　　回忆类主题的写作是一种常见的写作主题，很多学生的情况是，让其讲述寒假生活、暑假生活甚至是周末时光，都能回忆起不少内容，可是让其落笔成文，就成了老大难的事情，毫无头绪。明明有生活经历，回忆起来也能想起一些具体的人、具体的事情、具体的场景，可是写作时为什么无从下手呢？

　　究其原因，口头讲述自己经历过的事情是讲述关于自己的一段回忆，这属于碎片化的表达，想到什么说什么，想不起来的东西就直接忽略。而要想把回忆起来的故事写下来，就要考虑讲故事的技巧了。回忆类的写作题目常见的有"记忆，为＿＿＿＿停留""一个不同寻常的日子""在岁月的堤岸慢慢走""那目光，我永远的记忆""童年趣事"等，这些题目初看觉得挺有难度，仔细分析之后会发现其实还是新瓶装老酒，不过是回忆起一个人，回忆起一件事情，回忆起一道风景，回忆起一段时光，无非就是要讲好你回忆中的这些特别的故事。

　　回忆类主题的写作有两个思考方向，对中小学生来说，可以从两个路径搜索写作内容：一是照片中的场景再现；二是去童年的记忆仓库里寻觅写作素材。这两种路径的共同点就是要找到那个最精彩的切入点，想一想，接下来该以怎样的方式展开你的回忆。这一讲，我们要通过老照片的助力，讲好我们回忆素材库里的故事。

一、取景框以外的故事

在智能手机普及的时代，对我们来说，拍下一张照片是再简单不过的事情。照片在我们生活中随处可见，朋友圈就是个大型相册，自拍照、聚会照片、家人的照片、旅行照、毕业照、新闻照片……内容丰富多彩，这些照片记录着人们的生活点滴，有欣喜、有感动、有郁闷、有惭愧、有反思、有回味。总之，这些照片就是生活的滋味，是酸甜苦辣，是阳光风雨。

可是，就算有这么多丰富的内容，有的同学要写"老照片的故事"时，还是无从下手。其实，静下心来思考，就能找到写作秘径。你可以选择自己的照片，也可以选择别人的照片展开你的叙述。最难的地方在于，你得凭借一张照片挖掘出它背后那个让人感动、让人难忘的故事。

二、从第三视角记录

一张照片，就是一个故事。可以通过一张老照片来唤醒你尘封的记忆。现代新闻摄影之父、法国著名人文摄影家布列松提出过"决定性瞬间"理论，指的就是摄影师在某一特定的时刻，将事件、形式、设想、构图、光线等因素完美地结合在一起。也就是说，拍照片有一个决定性的瞬间，摄影师要通过抓拍手段将决定要拍摄的强有力的视觉构图表达出来。

摄影如此，写作亦是如此。写作的时候，你的思维、眼睛和情感都落在同一个点上，这张照片会出现一个决定的瞬间。比如，秋天，你要拍一张银杏的照片，当你有这个想法的时候，你的大脑已经在快速构思,是单独拍一株古老的银杏树呢,还是你站在树下和高大的银杏树合影?是拍空中飘落的黄叶,还是拍落在台阶上随着秋风轻轻抖动的落叶?在快门按下去之前,在"咔嚓"声响起之前,那个瞬间你是要提前做决定的。

借助老照片这个道具来写作,也要做一些准备工作。你挑的这张照片得足够有意义,或者说特别让你难忘,这种难忘包含了各种不同的情绪,也许是喜悦,也许是懊悔,也许是惆怅,也许是幸福等等。你千挑万选出这张照片之后,你的思维、眼睛和情感都落在同一个点上。

借助这张意义非凡的照片往回推理,你这时候就陷入了回忆。照片里的人、风景或场景一点点在你脑海里清晰起来。这个时候你要弄明白当时具体发生了什么,在哪里,哪些人参与其中,最后怎么样了,以及有着怎样的契机你才拍下了这张照片。当然,人物与人物之间的关系、场景的转换、事情最终的走向,这些你都要回忆得起来,而且其中的细节也很重要。

三、写作就要"搞事情"

通过一张老照片写回忆性文章,不单单是要写出当时的那种现场感来,写作者还不能像回答问题一样,一板一眼地去指出这张照片里有什么人、有什么物、有什么样的风景,你要学会把照片背后的故事讲精彩。当然,要想讲好这个故事,也要有方式方法,不是说你就按部就班地把故事讲出来就可以了。怎样吸引读者听下去,读者接下来想知道些什么,这些设想很重要。要时刻牢记没有冲突就没有好故事。

作家莫言曾经也通过一张老照片,回忆起他第一次照相时发生的终生难忘的事情。

从照相说起
莫　言

　　这是我二十岁之前唯一的一次照相，时间大约在1962年春天，读者可以看到，照片上的我上穿破棉袄，下穿单裤，头顶上似乎还戴着一顶帽子。棉袄上的扣子缺了两个，胸前闪闪发光的，是积累了一冬天的鼻涕和油垢，尽管吃不到什么油水。裤腿一长一短，不是裤子的问题，是不能熟练地扎腰所致。照片上的我丑陋无比，这样的照片公开发表无疑是环境污染，所以我希望编辑最好毙了这篇文章，照片也就不必发表。照片上，我旁边那个看起来蛮精神的女孩，是我叔叔的女儿，比我早四个月出生。她已于十几年前离开人世，似乎也没有什么大病，肚子痛，用小车往医院推，走到半道上，脖子一歪就走了。照相的事，尽管过去了将近四十年，但当时的情景还历历在目。那时我正读小学二年级，课间休息时，就听到有同学喊叫：照相的来了！大家就一窝蜂地蹿出教室，看到教室的山墙上挂着一块绘着风景的布，布前支起了一架照相机，机器上蒙着一块红表黑里的布。那个从县里下来的照相师傅，穿着一身蓝衣裳，下巴青白，眼睛乌黑，面孔严肃，抽着烟卷，站在机器旁，冷漠地等待着。先是那个教我们唱歌的年轻女老师手里攥着一卷白纸照了一张，然后是校长的老婆与校长的女儿合照了一张。照相时，师傅将脑袋钻到布罩里，从里边发出许多瓮声瓮气的神秘指令，然后他就高高地举起一只手，手里攥着一个红色的橡胶球儿，高呼一声：往这里看，别眨眼，笑一笑！好！橡胶球儿咕叽一声，照相完毕。真是神奇极了,真是好看极了!我们围绕着照相师傅,都看迷了。

  莫言写这篇回忆性散文的时候,就是从一张四十年前拍的老照片开始的。那是他人生中第一次照相,照片上的"我"长什么样呢?上身穿着破棉袄,下身穿着单裤,"头顶上似乎还戴着一顶帽子",这样的描写给人一种特别真实的感觉。毕竟那是遥远的回忆,戴没戴帽子自己也不太记得了,而且极有可能是那时候的摄影技术落后,照片本就不太清晰,再加上这是一张古老的照片,保存了那么多年,照片已经是模糊不清的了。细节的呈现尤其精彩,棉袄还缺了两颗扣子,胸前脏兮兮的。裤腿也是一长一短,最要命的,是照片上的"我"丑陋无比。

  接下来,和"我"的丑态形成强烈对比的是体面的、神气的堂姐,"我"和堂姐的这张照片把故事推向遥远的过去,莫言回忆起了自己苦难饥饿的童年,回忆起吃了一辈子苦的勤劳善良又隐忍的母亲。

  在文章一开始,莫言明明是在讲这张照片是在什么样的情况下拍的,以及拍照时学校里还发生了哪些有趣的稀罕事儿,可后面回忆起来的情节,却让人心情沉重。照片上的人都在笑,可接下来的故事却会让人流泪,苦难、饥荒、疾病以及对母亲的愧疚和思念,一点点泛上来。

  由此可见,看到照片的时候,就要想到照片背后的故事,这个故事与照片本身给人的第一印象是有反差、有转折、有冲突的,这样才会让听故事的人更难忘。

  这就好比你爬黄山,路上累得气喘如牛,一路抱怨,一路嚷嚷着想放弃,可是当你到达山顶拍照的时候,照片上的你却是神采飞扬的。这就是事情的两面,要把它相反的一面写出来,有对比反而更让人有惊喜感。

通过一张照片去写回忆性的文章,不是把眼睛里看到的东西写出来就可以了,而是要借助反转和矛盾,去呈现照片背后的故事,这样的照片才有趣、有意义。通过照片上的内容去回忆背后那些丰富的情节,才能写出精彩的故事来。不管这张照片是你自己拍的,还是照片上有你,甚至是你在家庭相册里翻出来的一张照片,你都要学会去推理,从眼前的画面往回追溯,回忆起那个刻骨铭心的故事。

写作练习

找到一张对你来说意义非凡的照片,用心讲好照片背后的故事,情节要写得出人意料。

第十七讲 | 像摄影一样去写景

写风景切记不可就地掘井,死抠一处风景是大忌。很多学生描写景物时惯用的办法就是堆砌好词好句,以为有了一串华而不实的形容词就有了文采。可是,写景要想写得有深意、写得透彻,光靠一些修辞方法和好词好句是解决不了文章的内在质地问题的。写景的方法有很多,效果最突出的就是采用对比的方法写景。

一、用摄影构图法写景

所谓"对比法写景",就是说如果一处的景致无从下手,可以拉来另外一处的景致作对比,一判高下。将二者有明显差异或对立的一面进行对照,在比较中凸显出其中一方的特性来。郁达夫的《故都的秋》就把南国的秋和北国的秋进行对比,将对比的艺术发挥到极致。对比法写景最大的优势就是可以把眼前的景致一分为二,这样写作视野就会更加开阔。

作者开篇就开始比较了,认为无论什么地方的秋天都比不上北国的秋:无论在什么地方的秋天,总是好的;可是啊,北国的秋,却特别地来得清,来得静,来得悲凉。

接下来写秋雨,还是要比一比。还有秋雨哩,北方的秋雨,也似乎比南方的下得奇,下得有味,下得更像样。一通比较之后得出结论:还是北方的秋雨下得有滋味。

南国之秋,当然是也有它的特异的地方的,譬如廿四桥的明月,钱塘江的秋潮,普陀山的凉雾,荔枝湾的残荷等等,可是色彩不浓,回味不永。比起北国的秋来,正像是黄酒之与白干,稀饭之与馍馍,鲈鱼之与大蟹,黄犬之与骆驼。这一层对比来得更直接,作者认为南国之秋固然有特异的地方,可是与北国之秋比起来就显得"色彩不浓,回味不永"了。难怪作者发出这样的感慨:"秋天,这北国的秋天,若留得住的话,我愿把寿命的三分之二折去,换得一个三分之一的零头。"

二、不要孤立地描述事件

从《故都的秋》一文中还能学到一个重要的写景技巧,那就是学会有效地比较的同时,还要巧妙设定取景范围。

写作者在脑海里预先设定了一个取景框,从故都"秋晨之景""秋槐之景""秋蝉之景""秋雨之景"到"秋果之景",这个取景框里选中的景物紧扣"故都"和"秋"两个重要词眼,有了这样的写作"设计",故都之秋的清、静、悲凉的特点就从字里行间一点点沁出来了。

我们在写景的时候也可以采用多点透视法,这种多元化的描写手法可以更好地展现景物的特性。以《故都的秋》为例,不妨分三步走:

第一步:先弄清楚故都的秋有什么特点——清、静、悲凉。

第二步:找不同。故都的秋与南国的秋有什么不同。南国的秋草木凋得慢,空气来得润,天的颜色显得淡;看不饱,尝不透,玩不足;色彩不浓,回味不永。北方的秋雨,比南方的雨下得奇,下得有味,下得更像样。

第三步:别忘了你的主角是谁,你站在哪一方。将二者放在一起比较,只是为了突出其中一方,就算南方的秋也颇具特色,但《故都的秋》的主角始终是北国的秋。

写景很重要的一点是不要孤立地去描述事件本身。我们欣赏美景是拿整个身心去感受的,眼、耳、鼻、舌、身团结协作,视、听、嗅、触、味五感齐发。多角度、多方位的感官描写,可以让读者有身临其境之感。

三、让风景"流动"起来

出去旅行需要靠双眼去捕捉风景,写作需要用笔尖去捕捉风景。写景的时候,思考和准备先行,不能提笔就写,那样就会缺乏叙事的逻辑。写景要言之有物,这个"物",是指具体的内容,因为风景也是由很多元素构成的。要像摄影一样去写景,让风景"流动"起来。

在南朝梁文学家吴均写给好友朱元思的信中,有一个片段被视为骈文中写景的精品。

与朱元思书(节选)

吴 均

风烟俱净,天山共色。从流飘荡,任意东西。自富阳至桐庐一百许里,奇山异水,天下独绝。

水皆缥碧,千丈见底。游鱼细石,直视无碍。急湍甚箭,猛浪若奔。

夹岸高山,皆生寒树,负势竞上,互相轩邈,争高直指,千百成峰。泉水激石，泠泠作响；好鸟相鸣，嘤嘤成韵。蝉则千转不穷，猿则百叫无绝。鸢飞戾天者，望峰息心；经纶世务者，窥谷忘反。横柯上蔽，在昼犹昏；疏条交映，有时见日。

文言文语言节制精练，读起来独具美感。作者将富春江的山光水色通过一个个分镜头来呈现。

舟行碧波上，远眺，天山一色，山和水天下独绝，作者把天、山、水连成一线，这是他的观察线路图。写江水则采用定点透视法，就像摄影机的镜头定格在水面，来了一个精致大特写。水是什么颜色，清澈到什么程度，水里的游鱼和细石也是绝妙的景致。夹江两岸的高山又把作者的视线拉伸向远方，山峰又形成了一幅动态的画卷。这幅风景画里，很多景色一一呈现出来：群山、树木、泉水、山石、飞鸟、鸣蝉、猿猴等景象像电影一样在眼前放映。

"天山共色"是静谧唯美的色彩；"急湍甚箭，猛浪若奔"是恢宏的声音；听觉的运用在这里达到极致，"泉水激石，泠泠作响；好鸟相鸣，嘤嘤成韵。蝉则千转不穷，猿则百叫无绝"，这相应相合的声音，组成一场视听的盛宴。

在文学家吴均的写作视角下，风景"动"起来了。这篇小品文告诉我们风景也是有生命的，要想写出灵动的风景，就要想办法让风景动起来。

树木本身是静态的，它没有嘴巴，不会开口说话；它没有心跳，不会表达情感；它没有脚，不会行走，但神奇的大自然可以让它动起来。试想，一阵风吹来，这时，树叶沙沙作响，树枝摇曳。动起来的树更具美感，这也说明了重要的一点：动的东西，往往更容易抓住人的眼球。你笔下的风景也是一样，得想办法让它动起来。

说到夕阳，你一定会想起天才诗人王勃的瑰丽诗句："落霞与孤鹜齐飞,秋水共长天一色。"还有诗人王维"大漠孤烟直,长河落日圆"的诗句。这些诗为什么这么美,千百年来,为何这么令人动容?"落霞与孤鹜齐飞",落霞在动,那只孤单的鸟儿也在飞翔。把落霞和飞鸟交织在一起,落霞似乎也有了生命。"秋水共长天一色",水会流动,这时水天一色,天似乎也有了生命的律动。大漠孤烟直冲上天,和缓缓西坠的落日形成动态的唯美画面,美妙的意境一下子就出来了。

宋代诗人林逋的名句"疏影横斜水清浅,暗香浮动月黄昏"也很妙,梅花清幽的芬芳也是浮动的,意境真是绝美!

描写风景时动静结合很重要。怎样去捕捉动态的风景,这也需要在大自然里多观察,多运用自己的感官感受去领略自然之美。

诗人徐志摩在散文《北戴河海滨的幻想》一文里写道:

> 廊前的马樱、紫荆、藤萝、青翠的叶与鲜红的花,都将它们的妙影映印在水汀上,幻出幽媚的情态无数;我的臂上与胸前,亦满缀了绿荫的斜纹。从树荫的间隙平望,正见海湾:海波亦似被晨曦唤醒,黄蓝相间的波光,在欣然的舞蹈。滩边不时见白涛涌起,迸射着雪样的水花。

看到在"动"的风景了吗?妙影是灵动的;印、缀满、唤醒、舞蹈、涌起、迸射,一个接一个的动作让人应接不暇,这么一来,海滨就有了生命。

我们在写作的时候最重要的是要找到有生命的东西,想办法让它"动"起来,可以拟人化、拟动物化,去模拟生命的动作。

写作练习

想一想公园里有哪些生命？虫吟、鸟叫、蛙鸣的出现就像是一首交响乐，这些都是有生命的、能撼动人心的东西。湖水的流动、湖面上的游船、湖心小岛上摇曳的芦苇等都是动态的。还有前来游玩的人，他们在做什么？在你眼里，湿地公园最美的风景是由哪几部分组成的？它们之间有着怎样的关联？可以用对比的方法去写湖景，也可以在你的头脑中架一台摄影机，去捕捉那些动人的画卷。

总之，写风景，要赋予景物以生命，因为只有那些有生命力的东西才能扣人心弦，这就是写风景的重要秘诀。

第十八讲 ｜ 写游记就像坐过山车

很多同学悄悄告诉我，说自己寒暑假其实都不愿意和父母一起出去旅行，因为旅途中本来玩得挺开心，可父母总是不解风情地提醒：好好观察哦，好好体验哦！这就是你回去后写游记的素材。一领到这样沉重的任务，就开心不起来了。老师也经常会要求同学们把去哪里玩、玩了些什么、有什么感想写下来。心事重重地去玩，自然不会轻松，所以同学们总觉得旅游就像在做作业。其实，当你去过了一个好地方，回来后把你走过的路、看过的风景梳理一遍，写游记其实是一个很享受的过程。等于是你再把曾经的美好回味了一遍，而且别人看你的游记还会获得一些有用的信息，这也会间接帮助到别人，是不是快乐加倍的事呢？

一说到写游记，在很多同学固化的认知里，时间、地点、人、事、物一股脑儿上场了。你和谁一起出行，旅途中碰到什么人，跟什么人出去玩，发生了什么事，哪个时间去的，去了哪些景点，哪里有什么好东西，这些信息闹哄哄地冲出来了。当然，用这样的方法去写新闻报道是很有用的，可是写游记就得有设计，就得学会断舍离。要想方设法把你的出游故事讲精彩，让没有跟你一起出门的读者能从你的文字里感受到沿途的风景和你的喜悦。

一、过山车结构放大旅程亮点

要想把游记写精彩,结构设置很重要。相信很多人都坐过过山车,而游记的结构就像坐过山车。我们都知道当过山车沿着回环运动时,是向心力在发生作用。为什么那么多孩子喜欢坐过山车?因为过山车很刺激,很好玩,它的整个行进线路是蜿蜒曲折的,爬行上坡是为了蓄势,刺激的环形转弯是一次次未知的冒险,新奇、刺激,让人紧张兴奋,同时对未知的下一段旅程又充满期待。过山车的魅力就在于它的构造,因为它的基本结构就是高低起伏的,拉高后再冲下来,再次攀升,又一次俯冲;一个转弯、一次加速,这种节奏上的变化让人欲罢不能。

说了这么多,就是想告诉大家,写游记也要像坐过山车一样要有高低起伏,有让人难忘的旅途。试想,如果过山车永远保持那种缓慢爬坡的节奏,一定没有人愿意去坐,因为一成不变太没意思了。而游记没有让人眼前一亮的环节,就像那个缓慢无趣的爬坡,是没法吸引读者的。

1. 开头要够强够短

还是以过山车最初的那一段爬坡为例,车子咔嚓咔嚓爬行的那一段路程不会太长,而且爬升的这一段是有目的的,那就是为接下来的变化造势或者说蓄积力量。那么,游记的开头也是一样的作用,开头要强有力,不要啰嗦,要快速切入主题。

一个最简单的做法就是直接把自己"放"在目的地,假如你要写关于黄山的游记,你要回忆你当时去黄山旅行的情景,这是你写作前的准备工作。真正动笔开始写的时候,就不要上来就写你从车站坐车到黄山市,再从市区往黄山景区进发的那些无关痛痒的事情,路上的这一段都不重要。因为你游的是著名景区黄山,而不是高速公路。直接从看到黄山南大门的牌坊开始写起,当然,你也可以一上来就写云海、瀑布、怪石或者奇松,总之,从最让你震撼的地方开始写,这样的开头才会有力量。假如你想写青岛的海滩,不用提你从家坐高铁经过几个小时才到青岛,然后怎么坐车去金沙滩。你的坐标就得定位到青岛的地盘上去,直接从五四青年广场或者八大关写起,就是景点一下子出现在你眼前的时候,你的情绪,你的感官感受,第一时间让读者共情是最重要的。

这里有一个百试不爽的小窍门,你要找到一个重要的标志物,让别人马上知道你写的是哪里。如果你去了澳大利亚,看到悉尼歌剧院,一开头你就写自己看到悉尼歌剧院,这个时候,读者一下子就知道你到了哪里。开头这样去构思,才会做到言之有物,言之有情。

做什么事都有个度,开头也不可以太强。就像坐过山车一样,有一个攀升的过程,不能一下子火力全开,直接把你拉到最高处往下冲。开头有好戏,但接下来还有更能满足别人期待的东西才行。所以,游记的开头最忌讳出现啰里啰唆的内容,否则很容易写成旅游攻略,或者变成流水账。

2. 一镜到底给读者带来沉浸感

"一镜到底"是摄影学术语,指的是拍摄中运用一定技巧将作品一次性拍摄完成,没有中断的情况。游记写作得像拍电影一样,去完成一个连贯的视觉传达。

比如你去了三亚,去了黄山,去了悉尼,可是读你这篇游记的人没有和你一起去,你看到的景色再美,你的读者没有看到,你得把手中的笔当成摄影机,你要想方设法让读者通过这个镜头跟你去体验这一路的旅程。假如你写上海博物馆，写你看到什么，就要让读者有一种似乎跟着你的眼睛去看的感觉。所以，要想给读者带来沉浸感，文字里的视觉传达尤为重要。

你的游记和一段关于风景的视频还有所不同，不能光给读者看风景，还要让读者的心和作者的心一起律动，让读者"看见"这个游玩的人内心的情绪情感。你看到桂林山水，你在漓江上漂流，或者你去了峨眉山，你内心有着怎样的欣喜与感动，得让读者感同身受。所以，写作的时候你要想方设法通过肢体动作把内心的情绪情感给表达出来。只有把外在的风景和内心的感动密切结合，才能写出让人印象深刻的游记。

比如说你去了长江边的张家港湾，看到那个巨大的银色鱼篓雕塑后，你就后退几步头仰起来。为什么你会后退，因为它太大了，离得太近是看不见雕塑的全貌的。所以，写作的时候，不妨把你退后的动作描述出来，你是如此震撼，如此感动，有了这些动作表现，读者一下子就读懂了你内心的情感。

写游记的时候，你笔下的镜头也要运镜，必要的时候也要有远景、中景、近景的呈现。远景，就是我站在神农顶看到神农架林区绵延的大山；中景就是要看到人的表情，游人拍照时在跳跃，在赞叹，在大笑等，此时人的表情就是中景。远景，你也可以想象成是整个过山车的全景，近景就是你看到的那些坐过山车的人，那一点点升上去的座椅。远景、中景、近景组合而成的画面是紧密结合的，是连贯流畅的。

老舍的游记《内蒙风光》里的这几段文字，将运镜技巧用到极致，远景、中景、近景一一呈现。

目之所及，哪里都是绿的。的确是林海，群岭起伏是林海的波浪。多少种绿颜色呀：深的，浅的，明的，暗的，绿得难以形容，恐怕只有画家才能够描出这么多的绿颜色来呢？

兴安岭上千般宝，第一应夸落叶松。是的，这是落叶松的海洋。看，海边上不是还有些白的浪花吗？那是些俏丽的白桦，树干是银白色的。在阳光下，一片青松的边沿闪动着白桦的银裙，不像海边上的浪花么？

两山之间往往流动着清可见底的溪河，河岸上有多少野花啊！我是爱花的人，到这里我却叫不出那些花的名儿来。兴安岭多么会打扮自己呀：青松作衫，白桦为裙，还穿着绣花鞋。连树与树之间的空隙也不缺乏色彩：在松影下开着各种小花，招来各色的小蝴蝶——它们很亲热地落在客人身上。花丛里还隐藏着像珊瑚珠似的小红豆。

3. 游记也要有悬念

悬念是一种表现手法，能勾起读者迫切期待的心情。要想写出一篇精彩的游记，设置悬念显得尤为重要。

比如说你现在去三亚了，你心里就会有一个声音，那就是急切地想要去打卡天涯海角。"天涯藐藐，地角悠悠"，天之涯，海之角，多浪漫啊！怎么走了半天还没到目的地呢？天涯海角到底有多美？写到这里，就给读者制造了一个悬念。可以把悬念理解成实现目标之前的一个障碍，天涯海角不是那么容易抵达的，这时候，要吊足读者的胃口。也可以理解成是一种延迟满足，一下子都拿出来多没意思？

就像我去神农架旅行，对华中屋脊仰慕已久，可是当我看到神农顶和大九湖景区大门的时候，有些失望，它没有想象中的那种雄浑气魄嘛！这么有名的原始森林，为什么山门这么小？一进入林区，神农架山脉真的太壮观了，绵延的大山，一直在眼前延伸，似乎永远看不到尽头。

有了前面小小失落的悬念，后面带来的震撼反而更强大。写游记要学会在高潮部分出现之前，先卖个关子，巧妙制造一些悬念，反而让读者有柳暗花明般的惊喜。

二、像开盲盒一样制造惊喜

我们经常听说语感一词，有人说自己做英语阅读理解题全凭语感，也有人说自己写作很注意语感。把语感这个词扩充一下，就是语言感知能力。写作中的语感就是指你的文句应该怎么表达才会有美感、有节奏、有特色。好的语言也是有高低、快慢、起伏、强弱的。哲学家罗素说过："须知参差多态，乃是幸福的本源。"语言也讲究参差多态的美，在写游记的时候，也要提升自己对语言的独特的敏感性。我们说一个人的语感很好，不是说他善于遣词造句、辞藻华美，而是写作者对分寸感和语言节奏的精准把握。

游记中如何写出有美感的句子，可以从以下三个方面入手。

1. 在语言中制造惊喜和意外

就像你过生日，好朋友送你生日礼物，神神秘秘地递给你一个包装精美的礼盒，可是你压根儿不知道盒子里装的是什么——这是一份惊喜。现在很多人喜欢开盲盒，就是因为有惊喜和意外的成分存在,因为我们很多人都拥有对神秘事物的好奇心,盲盒无疑满足了我们的心理需求。

写游记也要像开盲盒一样,先把你本来要传递的信息和情感写出来,然后要加上一些表达惊喜的字眼,这些词语就像一根引线,可以触发读者的情绪。你不能一味地自说自话,要顾及读者的感受。

2. 准确运用各种修辞手法

要想语言优美动人,是有技巧可循的。而各种修辞手法就相当于化妆品,在写作的时候,要学会给句子化妆,语言才会灵动美妙。当然,化妆也是讲究功力的,不能随便涂抹就完事儿了。

学到的写作知识再丰富,掌握的技巧、方法再多元,不会灵活运用也是白搭,多写多用最重要。

3. 巧用身体语言表情达意

心理学家研究发现,一个人要向外界传达完整的信息,单纯的语言成分只占 7%,声调占 38%,另外 55% 的信息都需要由非语言的体态来传达。而且身体语言通常是一个人下意识的举动,它会更准确地反映出人物的心理状态。所以写作中,对身体语言或者说肢体语言的描写就显得尤为重要。

比如很多人形容一道美食好吃,往往会说"好吃到拍大腿",用拍大腿的动作表示赞叹;有人生气时会捶胸顿足;垂头表示沮丧;摊手表示无奈;鼓掌表示赞赏——这些都是通过肢体活动来表达情绪和情感。

心理活动是看不见的,写景的时候尤其要注意这一点,得借助身体语言把内心的情感表达出来。

作家张抗抗在游记散文《鸣沙山听沙》里写道：

　　同伴中却没有人愿意坐滑板，一个个纵身跃入沙海，双手代桨，挂在陡峭的沙坡上，连滚带爬地往下"出溜"。一时间，前前后后人影憧憧，像一座座移动的小沙丘。

　　下山的时候，本来可以坐木头和竹片做成的滑板，这样从沙坡上冲下去，一两分钟就下山了，可和作家同游的人一个个纵身跃入沙海，宁愿"连滚带爬"地下山也不愿坐滑板，这里的肢体动作就更形象地表明了游人对鸣沙山的热爱。

　　我们面对眼前的美景，不光有语言的赞叹，更多的反而是身体给出的反应。看到一树浪漫的樱花，我们会深呼吸，深深吸一口气表达的是对樱花的爱。走在一片油菜花盛开的田野，我们会张开双臂去拥抱眼前的美好春日，还有人会去田野间迎风奔跑。这些肢体的反应，这些身体的语言，已经很生动地把我们心里的声音给表达出来了。

写作练习

　　你曾经去过哪些地方旅行，你印象最深刻的那段旅行是什么样的？让回忆指路，借巧思成文，写一篇游记。

第四单元

写作也需要设计

第十九讲 | 语言描写的魔力

> 作者用对话表现人物的时候,恐怕在他自己心目中,是存在着这个人物的模样的,于是传给读者,使读者心目中也形成了这人物的模样。
>
> ——鲁迅

一、语言尽显人物情态

语言描写是塑造人物形象的重要手段,成功的语言描写能鲜明地展现人物性格、思想感情和人物的内心世界,"如闻其声,如见其人"就是这个道理。语言描写的作用不容小觑,接下来从三个维度来展开分析。

1. 语言描写表现人物性格

一个人的说话方式很大程度上决定了这个人的性格特征。

如果说眼睛是心灵的窗户,那么语言就是表达内心想法最直接的途径。一个人的品德和性格,往往可以通过说话的习惯暴露出来。一个口不择言、脏话连篇的人,你会觉得此人脾气火爆,没有涵养。而一个吐气如兰的人,你会觉得此人气质高雅,学识过人。

2. 语言能显示人物的身份、职业、地位和经历

俗话说:"三句话不离本行。"一个人说的话,很多时候能显示

出其身份、职业、地位和过往的经历。一起来读一个小故事：

> 相传很久以前，一个村子里住着厨师、裁缝、车把式、船把式这四个能说会道的人。村里人遇到什么大小纠纷，都要请他们过去说和。一次，有户人家闹分家，也请这四大能人过去调解。由于这起纠纷很棘手，四个人便先到厨师家碰头想点子。厨师先发表意见："咱们要快刀斩乱麻才行，别锅啊碗啊分不清。"裁缝补充道："办事不能太偏，我们得针过去，线过去才行。"车把式接着开了腔："其实也不难，前有车，后有辙，别出大格就行了。"船把式见那三人你一言我一语，早就听得不耐烦了，总结陈词说："咱也别啰啰嗦嗦了，到那儿再见风使舵吧！"厨师的媳妇听罢乐了："你们几个真是三句话不离本行，卖什么吆喝什么。"她的话刚说完，那四人便大笑起来，原来，厨师的媳妇是做小买卖的。

这则故事里，五个发言人说话的内容都围绕着他们所从事的职业来展开，也就是说，在写作中能显示人物身份、职业、地位、经历的对话，便是成功的对话。

思考一下你的班主任说话有什么特点？你妈妈说话又有什么特点呢？有的人说话有职业病，就是指其三句话不离本行。

再看看《骆驼祥子》（第十四章《寿宴上的变故》）里对刘四爷的一段语言描写：

（车夫们挤兑祥子，觉得自己是凭力气拉车赚钱，老实巴交的祥子勾搭上人和车厂老板的女儿虎妞，走了捷径）刘四爷看见了："坐下，祥子！"然后向大家，"别瞧谁老实就欺侮谁，招急了我把你们全踢出去！快吃！"短短几句话，人和车厂老板刘四爷的暴脾气就勾勒出来了。而且刘四爷说话的方式极有特点,他是个典型的剥削阶级的人物,极度自私,知道怎么拿捏他眼里的这帮穷车夫。刘四爷说话是急促的、不耐烦的、命令式的、恶狠狠的、毋庸置疑的。与之相反,拉车的祥子就不会以这样的口吻说话。

3. 语言可以表现人物内心的感情,反映人物的心理活动

法国作家安托万·德·圣-埃克苏佩里的小说《小王子》里有一段非常有意思的对话:

> 他问我:"那是什么东西呀?"
> "那不是东西。它能飞。它是飞机。是我的飞机。"
> 我很得意地告诉他我能飞行。他听到之后大声说:
> "真的啊!那你是从天上掉下来的吗?"
> "噢!真有意思啊……"
> 小王子发出了可爱的笑声……

这一段对话,将小王子的神秘可爱和纯真无邪的一面生动描摹出来了。

作家海明威设计人物对话堪称艺术品,小说《老人与海》中的对话非常有力量:

> 他浑身显得很老,但双眼除外;它们有着海水的颜色,透露出乐观和永不言败的神色。
> "圣地亚哥,"他们把小船系好,往岸上走时,男孩对他说,"我又可以陪你去了。我们赚了些钱。"
> 老人曾教男孩捕鱼,这孩子敬爱他。
> "不要,"老人说,"你那条船运气好。就留在那里吧。"

"但你记得吗,上次你八十七天没打到鱼,然后接连三个星期,我们每天都抓到大鱼。"

"我记得,"老人说,"我知道你离开我,不是因为你怀疑。"

"是爸爸逼我离开的。我是个孩子,必须听他的话。"

"我知道,"老人说,"这很正常。"

"他没什么信心。"

"是啊,"老人说,"但我们有。对吧?"

"对的,"男孩说,"我请你去露台酒吧喝啤酒,然后再把东西搬回家,你说呢?"

"好啊,"老人说,"大家都是打鱼的,就不客气啦。"

"他浑身显得很老,但双眼除外;它们有着海水的颜色,透露出乐观和永不言败的神色。"这一段肖像描写,确切地说是局部的细节刻画太重要了。圣地亚哥虽然老了,但他的眼神是不服输的。设计对话也要把人物的神态、动作考虑进去。海明威的这段对话,能立刻引起读者的兴趣。

精彩的对话可以让读者产生身临其境之感,因为我们的日常生活本来就不是在讲故事,而是在彼此对话。比如你去水果店买香蕉,你一定不会讲一个香蕉进化的故事,你会直接开口对店员说:"我要一串香蕉。"写作中的对话,也要让读者能够沉浸其中,好像就在跟笔下的这些人物说话,这样才更容易"入戏"。

写对话不是想当然,时刻要注意你写的对话是否能丰满人物形象,你写出来的这句话是不是符合笔下人物的性格和身份。

二、独白是沉淀,对话是交流

语言描写的主要形式有两种:独白和对话。

1. 独白

独白，可以理解成是人物的自言自语或人物的心理活动。我们经常说"内心独白"，人的一生大部分时间都是内心的自己跟自己"说话"，这种没有发出声音的语言占用了我们人生的大部分时间。大家想一想，你自己是不是有这样的经历？举个最简单的例子，看到"长亭外，古道边，芳草碧连天"这样的诗句，你是不是不由自主在心里哼唱起来了呢？看到这段文字：和我在成都的街头走一走/直到所有的灯都熄灭了也不停留/你会挽着我的衣袖/我会把手揣进裤兜/走到玉林路的尽头/坐在小酒馆的门口，你是不是已经在心里唱了一遍？你没有发声，但是你的内心已经有了一段独白。

如果你迟到，老师毫不留情地批评你一通，你一定在心里恨恨地抱怨："这灭绝师太，也太凶了吧？"这就是你的自言自语，表达了你对这个严厉的老师的一种反感和抵触情绪。

2. 对话

对话，"对"说明有人回应，对话是两个人的对答或是几个人的相互交谈。

写作中的对话需要作者给笔下的人物"量身定做"，什么人说什么话。一个急性子的人说话肯定是语速快、急躁的；而一个性格温柔的人说话的速度一定会平缓一些。还要注意一点，人物对话不是像机器人一样站在那里机械地说话，注意观察有什么神态、什么习惯性动作出现？这些细节也要注意捕捉，说话人的神态、动作、语气、语音、语调和他说话的具体内容是一个有机整体，这些综合起来的信息，才能更全面地展示人物性格和人物情感。

三、好对话是设计出来的

1. 对话不能太平直

分享一段《红楼梦》里的精彩对话：

> 这熙凤携着黛玉的手，上下细细打量了一回，便仍送至贾母身边坐下，因笑道："天下真有这样标致人物，我今儿才算见了！况且这通身的气派，竟不像老祖宗的外孙女儿，竟是个嫡亲的孙女。怨不得老祖宗天天口头心头，一时不忘。只可怜我这妹妹这样命苦，怎么姑妈偏就去世了。"说着，便用帕拭泪。贾母笑道："我才好了，你倒来招我。你妹妹远路才来，身子又弱，也才劝住了，快再休提前话。"这熙凤听了，忙转悲为喜道："正是呢！我一见了妹妹，一心都在他身上了，又是喜欢，又是伤心，竟忘记了老祖宗。该打，该打！"又忙携黛玉之手，问："妹妹几岁了？可也上过学？现吃什么药？在这里不要想家，想要什么吃的，什么顽的，只管告诉我；丫头老婆们不好了，也只管告诉我。"一面又问婆子们："林姑娘的行李东西可搬进来了？带了几个人来？你们赶早打扫两间下房，让他们去歇歇。"

"这熙凤携着黛玉的手，上下细细打量了一回，便仍送至贾母身边坐下，因笑道"。"携""细细打量""仍送至贾母身边坐下""笑道"，王熙凤的这一连串动作，把她的妥帖、热情、周到以及对贾母全心全意地讨好都勾画出来了。

"妹妹几岁了？可也上过学？现吃什么药？在这里不要想家，想要什么吃的，什么顽的，只管告诉我；丫头老婆们不好了，也只管告诉我。"凤辣子就是凤辣子，这样泼辣畅快、话头密集的语言风格只属于王熙凤,安在别人身上就别扭了。这就是精彩的语言描写,让读者一下子就能见识到说话人的行事做派和性格特点。

2. 对话要有交锋,有冲突

成功的对话可以起到塑造人物形象、传递重要信息、推动叙事进程等作用。要想让对话最大限度地发挥它的作用,就得让对话有交锋,有冲突,在冲突中推进叙事的发展。所谓"棋逢对手"就是这个意思,对话有锋芒,有一些你来我往的较量往往更有看头。

周恩来总理在几十年的外交生涯中一直以德高望重、睿智幽默著称,不管在何种场合,遇到什么样的对手,都能以超人的智慧应付自如。

一位美国记者在采访周总理的过程中,无意中看到总理桌子上有一支美国产的派克钢笔。那记者阴阳怪气地问:"请问总理阁下,你们堂堂中国人,为什么还要用我们美国产的钢笔呢?"这位记者明显不怀好意。周总理听后风趣地回击:"谈起这支钢笔,说来话长,这是一位朝鲜朋友的抗美战利品,作为礼物赠送给我的。我无功受禄,就拒收。朝鲜朋友说,留下做个纪念吧。我觉得有意义,就留下了这支贵国的钢笔。"美国记者一听,顿时哑口无言。周总理杀了个漂亮的回马枪,可谓是刀光剑影、唇枪舌剑啊!

3. 对话要有细节动作

常言道:"细节决定成败。"其实,很多时候细节就存在于人和人的对话之中。人类的非语言行为是非常丰富的。在与人交谈中,语言传递的信息只占三成,而身体传递的信息竟高达七成。也就是说,一个人说话时的目光与面部表情、身体的运动与触摸、身体间的空间距离等,这些都是很重要的细节,也充满了丰富的信息。人们可以在语言上伪装自己,但常常会被身体语言所"出卖"。

我们说话都是伴有细微动作的,比如说话的时候微笑或者大笑,搭配一些手势,和好朋友说话的时候,走过去拍拍他的肩膀等等。注意观察说话人的细节动作,才能获取语言之外的更多的信息,写对话也是一样的道理,只有加上这些重要的不可或缺的细节描写,对话的效果才会大大增强,会更有画面感。比如"他眉头紧锁对我说""老师敲着背板提醒我们""他从座位上'腾'的一下站起来反驳道"……对话中的人做出的一系列动作,可以把人物心理更自然地表达出来。

作家周晔的《我的伯父鲁迅先生》里有一段经典对话:

> 有一次,在伯父家里,大伙儿围着一张桌子吃晚饭。我望望爸爸的鼻子,又望望伯父的鼻子,对他说:"大伯,您跟爸爸哪儿都像,就是有一点不像"。
>
> "哪一点不像呢?"伯父转过头来,微笑着问我。他嚼着东西,嘴唇上的胡子跟着一动一动的。
>
> "爸爸的鼻子又高又直,您的呢,又扁又平。"我望了他们半天才说。
>
> "你不知道,"伯父摸了摸自己的鼻子,笑着说,"我小的时候,鼻子跟你爸爸的一样,也是又高又直的。"
>
> "那怎么——"
>
> "可是到了后来,碰了几次壁,把鼻子碰扁了。"
>
> "碰壁?"我说,"您怎么会碰壁呢?是不是您走路不小心?"
>
> "你想,四周围黑洞洞的,还不容易碰壁吗?"
>
> "哦!"我恍然大悟,"墙壁当然比鼻子硬得多了,怪不得您把鼻子碰扁了。"
>
> 在座的人都哈哈大笑起来。

"哪一点不像呢?"小周晔听到伯父提出这个问题的同时,还注意到伯父的一系列肢体动作:转过头来,微笑着,他嘴里嚼着东西,更细致入微的观察是小周晔还注意到伯父嚼东西的时候,嘴唇上的胡子一动一动的。写作的时候,把说话人的一系列动作刻画出来,可以营造出极强的画面感,让读者感觉似乎自己也来到了现场。

4. 如果不知道写什么动作,就刻画人物的眼神

人物的眼神会说话,古罗马诗人奥维特曾说:"沉默的眼光中,常有声音和话语。"鲁迅说:"要极省俭地画出一个人的特点,最好是画他的眼睛……倘若画了全副的头发,即使细得逼真,也毫无意义。"(《鲁迅全集》)这话的意思不是说外貌描写只写人物的眼睛就可以了,"画眼睛"是比喻的说法,是指刻画人物要抓住人物的鲜明特征,在形似的基础上,还要神似,这就是所谓的"传神"。

眼神远比语言重要得多,一个人眼睛注视的东西往往代表其内心正在想的事情。一个小孩儿紧盯着橱柜里那块诱人的巧克力蛋糕,就说明他很想吃蛋糕。老师把批改好的试卷拿上讲台,你眼巴巴地望着,就说明你特别想知道自己的分数。我们跟别人聊天的时候会注视对方,会有眼神切换与交流,可是当一个人说谎话的时候,眼神切换的速度会变快,或者说眼神会出现躲闪,有些飘忽不定,因为他抑制不住地想要去掩饰他的谎言。一个同学回答问题时很紧张,我们也能通过他的眼神感受到他的心理活动,因为眼神已经"出卖"了他的一切心思。

写作练习

假如遇见 2035 年的那个自己,你想对那时的自己说些什么?

第二十讲 | 细节是人物形象的放大镜

一、把细节放映给读者看

这一讲,我们设置一个挑战,那就是在接下来的一周,写作时不可以使用"思想动词",如想、知道、相信、想要、意识到、渴望、想象、记住、爱、恨、明白、理解等表达一个人的想法的动词。

这也意味着只要你写出"我想知道这个周末能不能去公园玩"这样的句子,就算挑战失败了。因为你犯规了,你用了"想"这个思想动词。你可以尝试这么写:

> 今天已经是周四了,连续下了三四天的雨,江南一到梅雨季,就像个爱哭鼻子的小姑娘。看着屋檐下滴滴答答的雨水,我的心又惆怅起来。这个周末能天晴该多好,雨后初晴的公园该有多美?公园回廊的那株芭蕉又抽出新叶了吧?回廊边的蔷薇花也要开了吧?

像这样去写,把细节展现给读者看,让读者自己弄明白你这个周末想去公园玩。你不能直接说"我想去公园玩",你要做的是把你的想法描述给读者听,让读者和你一样"想"去公园玩。这样,你的挑战就成功了。

同样,你不能直白地写"我妈妈做的蛋糕很美味"。可以展示

具体的细节:

> 灶台上摆满了做蛋糕的食材,低筋粉、霜糖、炼乳、奶粉、鸡蛋,还有刚采摘回来的新鲜草莓……妈妈大显身手的时刻到了。搅拌器轰鸣,"嘀"的一声,烤箱也开始预热,眼前的一切让人移不开眼睛。

总之,描写人物的时候不能走捷径,要描写感官细节——动作、气味、声音、味道和触感。你会发现,我一直在强调"五觉"(视、听、嗅、触、味)的训练,说起来多简单啊,但真正想写好,却需要反复去练习。

思考是抽象的,"想""相信"都是无形的。你需要通过有形的动作和细节来描述你的角色,然后让读者来"思考"和"知道",你的故事写出来才会更触动人心。

同样,心中的爱和恨也不要直接告诉读者,因为你把读者要干的活儿简单粗暴都做了,读者就觉得没意思了。比如,你的同桌是个鲁莽的大个子,你并不喜欢他,你不能一上来就写"我讨厌我的同桌"。很多同学在写作的时候常犯的一个错误,就是把自己要写的人物孤立起来。你作为写作者,自己一个人在自说自话、唱独角戏,但是读者感受不到你要表达的东西。你该怎么去改呢? 如同桌是个大块头男生,平时上课从来不会认真听讲,他东瞅瞅西看看,你要是问他教室的哪个墙角趴了一只蜘蛛,他准会明白无误地告诉你,因为他上课时就在那儿默默看蜘蛛织网呢! 当然,大块头并不是永远就这么一动不动,他爱打篮球,据说灌篮技术全校皆知,可是你从来没去看过他打比赛。每次他打完球回来,浑身汗津津的,你一再警告他别越过你们课桌上的分界线……当然,后面的情节要出现反转,有一天他做了一件事情,让你对他刮目相看,这样的转折可以让你从一开始的讨厌引出后面的感动或愧疚。

二、不放过细节微表情

不要动不动就写"小妹妹有一双水汪汪的大眼睛"。可以这样改:小妹妹好不容易搭起来的积木城堡又倒了,她的眼泪涌出眼眶,这时,她的眼睛像两汪清澈的湖泊。尽量少用"有",试着把细节掩藏在人物动作后面。这样,读者就能想象到小妹妹的眼睛很大很漂亮,哭得梨花带雨的。

有同学觉得这些简单好用的动词都不让用了,一开始接受这个写作挑战的时候,会觉得老师的要求好苛刻啊,但坚持一个月,你便会发现这些要求不再是约束,这就说明你已经真正掌握了写细节的方法。

三、细节是写作的点金之术

人物是文章的灵魂,但在学生的习作中常见的人物形象往往是千人一面的,既无个性,又不生动,整篇文章显得干瘪乏味,缺少感染力。仔细阅读这些习作,就会发现存在同样的问题:往往只是一味地追求把某件事写完整,而忽略了那么生动具体、细致入微的细节描写。

1. 细节的重要作用

细节描写的范围很广,它的作用也是多方面的,但主要还是刻画人物性格,塑造人物形象。一个个传神的细节犹如人体身上的细胞,没有了它,人就失去了生命;文章少了细节,人物形象就失去了血肉和神采。作家李准说:"一个细节在揭示人物的性格特征的作用上,有时和一个情节、一场戏肩着同样的作用。"这就是"于细微处见精神"。

  文学大师们就非常重视对细节的描绘。鲁迅的《阿Q正传》中有一段阿Q刑前画押的细节描写:要画圆圈了,那手捏着笔只是抖,于是那人将纸铺在地上,阿Q伏下去,使尽平生的力画圆圈。他生怕被人笑话,立志要画得圆,但这可恶的笔不但很沉重,并且不听话,刚刚一抖一抖的几乎合缝,却又向外一耸,成了瓜子模样了。这个行为细节具体、形象、生动地反映了阿Q的性格特点——直到死还恪守着自欺欺人的"精神胜利法"。当人们读到这一细节描写时,谁感受不到阿Q的可笑、可悲、可怜呢?又怎么会不"哀其不幸,怒其不争",进而深思呢?

  不仅中国作家如此,外国作家亦然。如巴尔扎克的《欧也妮·葛朗台》中写老吝啬鬼葛朗台死前,当神父把镀金的十字架送到他唇边让他亲吻基督的圣像时,他却作一个骇人的姿势想把十字架抓在手里,这一下最后的努力送了他的命,只这一处细节就活画出了这个守财奴贪婪成性、至死不变的丑恶形象。正是细节描写使人物有血有肉,性格鲜明,形象栩栩如生。有了鲜活的人物,整篇文章因之而充满生机,产生强烈的感染力。

  当然,并不是所有生活上的细节都具有价值,也不是只要写得"细"就可以了。好的细节描写必须是有用的、真实的、典型的。它必须为展示人物的精神风貌和深化文章的主题服务,必须符合人物的性格特点,符合现实生活的实际,应最能突出人物的个性特征。

2. 细节从哪里来

都说文学来源于生活,细节就在丰富多彩的生活之中。做生活的有心人,时时处处留心观察身边的人和事,特别是自己的描写对象。老舍写《骆驼祥子》那可是做足了功课,波特小姐写《彼得兔的故事》,对动物那种细致入微的观察更是让人叹为观止。

捕捉细节,好好运用细节,让细节这把金钥匙为你所用,给你打开写作这扇瑰丽的大门!

一起来欣赏《红楼梦》里最经典的刻画人物形象的片段:那刘姥姥因喝了些酒……四顾一望,皆是树木山石楼台房舍,却不知哪一处是往哪里去的了……及至到了房舍跟前,又找不着门,再找了半日,忽见一带竹篱,刘姥姥心中自忖道:这里也有扁豆架子。大观园的篱笆是为了雅致造景,但是在刘姥姥眼里,篱笆就是种扁豆的架子。这是刘姥姥以村妇的眼光去看待和解读风景的缘故。再看:一面想,一面顺着花障得了一个月洞门进去。只见迎面忽有一带水池,只有七八尺宽,石头砌岸,里面碧浏清水流往那边去了,上面有一块白石横架在上面。刘姥姥便度石过去,顺着石子甬路走去,转了两个弯子,只见有一房门。醉酒的刘姥姥如何找路?她完全不熟悉,所以就东看看西看看,把场景也写出来了。再继续:于是进了房门,只见迎面一个女孩儿,满面含笑迎了出来。刘姥姥忙笑道:姑娘们把我丢下来了,要我碰头碰到这里来。说了,只觉那女孩儿不答。刘姥姥便赶来拉他的手,"咕咚"一声,便撞到板壁上,把头碰得生疼。细瞧了一瞧,原来是一幅画儿。刘姥姥自忖道:"原来画儿有这样活凸出来的。"一面想,一面看,一面又用手摸去,却是一色平的,点头叹了两声。

其实,清朝时已有油画传入国内,这是刘姥姥不懂的领域,墙上挂的就是贾家收藏的油画。油画讲究写实,看上去跟照片一样,所以刘姥姥才会把画中人认作是真人。曹雪芹借刘姥姥的眼光写一幅油画这样的装饰物,写出了十足的趣味来,这可比平铺直叙要生动得多。再看:一转身方得了一个小门,门上挂着葱绿撒花软帘。刘姥姥掀帘进去,抬头一看,只见四面墙壁玲珑别透,琴剑瓶炉皆贴在墙上,锦笼纱罩,金彩珠光,连地下踩的砖,皆是碧绿凿花,竟越发把眼花了,找门出去,哪里有门?左一架书,右一架屏。写出空间的眩晕感,不是直接描写,而是写出刘姥姥的眼花缭乱,面对眼前的富丽堂皇,连出去的门都找不到。(详见《红楼梦》第四十、四十一回)

正是因为曹雪芹传神地塑造了刘姥姥这个经典人物形象,所以我们现在形容一个人眼界有限、见识有限,或者说某个人没见过世面,才会用很著名的一句话:你就像刘姥姥进了大观园。

写作练习

在拉丁语中,人物"persona"这个词指的是演员的面具。这里的"面具"当然不是指你在万圣节戴的无脸男、蜘蛛侠、吸血鬼那种面具,而是指你要从内心尝试体验另一种性格,类似于角色扮演。想象你在日常生活中扮演的角色:喜欢说"作业怎么这么多啊?""题目怎么这么难啊?""校服怎么这么难看"的牢骚鬼;课间休息的热场担当、"开心果";挤时间写作业,时刻都在奋笔疾书的学霸;班上的牛皮大王……

给大家一个机会,不去谈论你自己,我知道很多同学写了太多次自己,自己第一次干嘛干嘛,自己最崇拜的人,最难忘的一件事等等。现在,一个绝佳的机会来了:给自己戴上面具,暂时忘掉你自己的故事,采用别人的声音和视角,从这个面具的背后讲话。开始你的"换装"的游戏吧!

第二十一讲 | 冲突是看热闹不嫌事儿大

一、故事意识从何而来

"情节"是个写作学名词,我们没有必要去背诵枯燥的写作概念,某种程度上,情节就是故事。在写作中,故事很重要,因为故事才能打动人心。换句话说,只有把情节写精彩,故事才好看。并不是人人都会讲故事,都能讲好故事,讲故事是需要训练的。

也许有同学会有疑问:"我又不要当小说家,为什么要创作故事?"实际上,很多人只是没有意识到自己写的记叙文就是故事。也就是说,要想提高自己的写作水平,那就要从强化自己的"故事意识"开始,不是只有童话才叫故事。好故事离不开情节,好的情节是需要精心设计的。

二、没有冲突也要创造冲突

大家都知道,小说里要有冲突才精彩。那么,什么是冲突呢?从字面意思来讲,冲,就是矛盾的、相反的、相悖的。突,就是突出、突发、突显。也就是说,情节冲突就是指写作者要刻意制造矛盾,看热闹不嫌事大,掺和进来搞事情。

情节冲突,简单来说就是发生了打破常规、不同寻常的事情。就拿我的亲身经历来说:我的工作室里有一个漂亮的玻璃大花

第四单元 写作也需要设计

瓶,它是浅琥珀色的,我很喜欢拿它来养绿植物吊钟。可是冬天很难买到鲜切吊钟,我盼了好久,花瓶也闲置了很多日子。后来,我终于买到了一只品相雅致的吊钟。同事见我拿来了这棵美丽的绿植,很热心地去帮我清洗那个花瓶。她小心翼翼地洗好花瓶,还接了半瓶水,可是就在她快走到办公桌边的时候,手一滑,"哐当"一声脆响,花瓶掉在地上,玻璃碴崩得到处都是。

这就是一个冲突,因为最喜欢的花瓶打碎了,这件事儿干扰了我,影响了我的心情。想养吊钟,没有瓶子了,这就是矛盾。若把这个简单的冲突通过夸张和反复的手法,有技巧性地放大,然后写进小说里,就成了一个精彩的情节冲突。

下面这是一个学生的亲身经历,我把他的故事记录如下。

周六下午他来上写作课的时候,是她妈妈开车送他来的。课程时长两小时,他妈妈破天荒地不愿意等他,自己开车先走了,而且走之前还带走了他的手机,埋怨他自控力太差,前一天竟然玩了半天游戏,一拿起手机就放不下来,既然如此,周末就不能再使用手机了。

他上完课就只能乘公交车回家,还好出门的时候带了十块钱。

下课后,他和我道别后就出门了。我提醒他回家后给我发个信息报平安,毕竟这是他第一次乘公交车回家。

一周后,他又来上写作课的时候,给我分享了他上周六乘车的经历。原来,他当时乘公交车坐反了方向,他发现车窗外的建筑不是他之前来上课时见到的,慌忙在下一个站台下了车,那个站台在电器城门口,正好路边有个卖鸡蛋灌饼的摊位,他走过去问回自家小区的公交该怎么乘坐。

摊主阿姨手脚麻利地摊饼，招待顾客。边忙活边告诉他，要去马路对面的站台乘车。阿姨还特地提醒他，这趟车十五分钟一趟，他来之前，刚过去了一辆，所以得等一会儿。他谢过阿姨，就站在煎饼摊边看阿姨像变魔法一样摊饼、磕鸡蛋、加火腿肠，再依次放入薄脆饼、榨菜末、香菜碎，最后再均匀地抹上一层甜面酱，鲜香扑鼻，那滋味搅得人心烦意乱。

他摸摸口袋里仅剩的八块钱，因为刚才坐车已经用掉两元，再看看摊位旁的价位牌，一个鸡蛋灌饼八块，可是他还得乘车回家呢！一分钱难倒英雄汉啊，要是有手机在身边该多好，他微信零钱包里可是还有好几百块呢！

他假装把手插进裤兜，去抹那几枚圆圆的硬币。等待的这几分钟时间里，买饼的人并不是很多，阿姨忙完，会跟他有一搭没一搭地唠上几句。看时间差不多了，下一趟公交车也该开过来了，他和阿姨告别，穿过马路，走向摊位斜对面的站台。

公交车来了，他上了车，车厢里很空，现在没什么人乘公交车。他在门口靠窗的位置坐下。刚坐下，见摊主阿姨小跑着追过来了，她站在门口，递给他一个热乎乎的鸡蛋灌饼。

阿姨对他笑道："孩子，看你也饿了，给你做了个饼，趁热吃。刚才在摊位上怕你不好意思吃陌生人送的东西，就没给你。"车门关上了，公交车缓缓启动……

回家后，他把阿姨送他饼的故事讲给他妈妈听，妈妈说空的时候一定要开车带他去找那位热心肠的阿姨道谢。他们还想多买一些鸡蛋灌饼送给邻居尝尝，就当是回馈阿姨的一番心意。

接下来，他和妈妈开车去找那位阿姨的摊点，一连去了两趟,再也没有遇到她,可能那是个临时摊位,那个阿姨又换地方了吧?

这个学生的故事之所以让我难忘,就是那天在他身上发生了与平时生活不一样的事情,如果他妈妈没有没收他的手机,如果他妈妈像往常一样,等他课程结束后开车来接他回家,就不会有乘公交车坐反方向这回事,也不会遇到那个热心体贴的摊主。或者说他身上带了充足的钱,也不会发生摊主阿姨送他饼吃这回事儿了。现在我们的生活水平提高了,很多孩子的财务也实现了"自由",点外卖熟练得很,喝奶茶吃炸鸡都是稀松平常的事。可是,就是在"捉襟见肘"到口袋里的钱不够买一个鸡蛋灌饼的时刻,有人送一个热乎乎、香喷喷的饼给他吃,他才更难忘,更感念那份恩情。

那位同学的妈妈打破了原有的平静,接下来才有不同寻常的事发生。而且冲突一个接一个,虽然不是特别大的冲突,但把这件事写下来,情节冲突也是很吸引人的。所以说"艺术来源于生活"。

三、冲突的导火索

美国小说家、写作课老师大卫·科比特在他的新作《把人物写活》一书中写道:"如果作者想让自己笔下的人物在读者心中留下深刻的印象,最重要的一点就是要着重于描写和强调关于人物身上的矛盾、反差和冲突。"而人物身上的矛盾和冲突又是人物的性格推动的。

举个简单的例子:一个慢性子的孩子和一个急性子的妈妈

之间，冲突会经常上演。孩子吃饭、做作业都是慢吞吞的，妈妈就受不了，永远在催促，在抱怨："你为什么不能快一点？"而孩子因为性格使然，又很难去改变，母子二人就会起争执，很难达成一致。孩子和妈妈之间的小摩擦、小冲突是彼此的性格导致的必然结果。

我们都知道情节冲突很重要，记叙文写作也好，写小说也罢，都要去设置情节冲突。但优秀的小说里，我们可以看到那些矛盾冲突似乎不是作者刻意设计的，而是角色推动的。因为矛盾冲突的出现，一切归因都在角色性格身上。

矛盾冲突是吸引读者不可或缺的基本要素，常见的情节冲突大致有三类：

1. 角色间的冲突

角色之间的冲突是我们再熟悉不过的，比如，唐僧和孙悟空这两个角色之间就是冲突不断的。这师徒二人冲突的根源就是不相容的期望所导致的心理矛盾和行为冲突。为什么说是不相容的期望呢？以"三打白骨精"的经典冲突为例，白骨精听说吃了唐僧肉可以长生不老，又惧怕神通广大的孙悟空前来为师傅报仇，便施技迷惑唐僧。她先变成一个花容月貌的女子，巧言哄骗唐僧，却被孙悟空一眼看穿，一棒打去，妖精使出"解尸法"，化作一股妖气逃走，将假尸留下。第二次妖精变成一个年迈的妇人，又被孙悟空认出，举棒照头便打。那妖怪又脱身而去，再把假尸留在山路之上。最后，妖精又变成一个老头，仍被孙悟空识破，举棒打去。

妖精的伎俩一次次骗过唐僧，徒弟救了自己，他反而认为孙悟空太过残暴，杀害无辜，便将孙悟空赶回了花果山。

这师徒二人的冲突皆是性格使然,孙悟空这个角色是人性和猴性的结合,他遵循动物的行事准则,随心所欲,快意恩仇;而唐僧遵循人的行为规范,小心谨慎,谨小慎微。这些根本上的不同,必将导致他们冲突不断。

写人与人之间的冲突,可以从语言、动作、性格、思想价值观等方面去把握,抓住其中一点就可以制造矛盾冲突。由语言引出的冲突,比如:一个人骂另一个人脏话,就有可能引起冲突。或者,一个孩子说话带情绪,对妈妈讲话很冲,妈妈气不打一处来,质问道:你能不能好好说话?

由行为引起的冲突,比如现实生活中在食堂打饭有人恶意插队,就惹得老实排队的人很恼火。还有,一个人对另一个人做不雅动作,哪怕他没有说一些难听的话语,但因为一个鄙视别人的动作,也有可能导致双方大打出手。

由性格引发的冲突,最经典的例子就是电影《疯狂动物城》里的树懒,树懒是世界上动作最慢的动物,因为这种动物新陈代谢慢,所以行动极其缓慢。而电影里的树懒却有个很酷的名字,叫闪电。树懒竟然也可以开快车,因为油门踩下去很久才会松开,所以很快。这种反差营造出了幽默搞笑的效果。

2. 自我内心的冲突

我们每个人的内心是充满了矛盾、挣扎与纠结的,我们经常会陷入进退两难、左右为难的旋涡中,鱼与熊掌不可兼得,可我们偏偏两者都想要,这就是自我矛盾与冲突。

人物内心冲突表现在方方面面,比如这个人物既有热情奔放的一面,又有冷漠内向的一面,两个方面矛盾地存在于一身,构成内在冲突。比如,一个人捡到别人的钱包,里面有厚厚一沓钱,他本能地知道应该做一个拾金不昧的人,要把钱包还给失主,可是一想到自己的窘境,觉得这钱是自己捡来的,没偷没抢,有那么一个瞬间,他想把这笔钱占为己有。他内心的矛盾与挣扎轮番上演。由此可见,内心冲突不可避免,有时候它是一种神奇的黏合剂,能让读者窥探人物的内心世界。

在写作的时候,如果能写出这些令人信服的矛盾与冲突,就能更立体地塑造人物形象。

四、情节冲突的叙事弧

经常听到一句话:没有对比就没有伤害。究其原因,对比之后出现的反差感,往往是滋生矛盾的温床。很多同学都很反感妈妈口中的"别人家的孩子",因为对比一般都是高与低、好与坏、优与劣、正与邪的对比。在生活中,我们不喜欢被父母拿来和别人家"开挂"的孩子对比,可写作中的对比就显得尤为重要,因为对比是矛盾的核心前提。

我们来读一则小短文,这篇文章是2020年中考语文文学类的阅读理解篇目。

栅栏两边苹果甜

艾尔和胡安住在普韦布洛村村口两幢并排的房子里,尽管他们的房子十分相似,但艾尔家的庭院里有一棵枝繁叶茂的大苹果树,而胡安家却没有。在艾尔看来,除了家人和好脾气,胡安拥有的东西很少。

春天,苹果树蓬蓬勃勃地开出满树的粉色花朵;秋天,苹果树的枝头缀满红艳、甜美的果实。这时,艾尔每天都会对着苹果树吹嘘一番:"我的苹果树开出的花最美丽,结出的果实最甜美,这使我成为普韦布洛村最棒、最幸福的人!""那的确是棵很美的苹果树。"胡安赞同地说,"你也让我们一同欣赏它的美丽,我感觉很开心。"听到别人也从他的苹果树上获取益处,艾尔的幸福感减少了一大半。他越想越不高兴,为了独享苹果树恩赐的幸福,他悄悄地建造了一道高高的栅栏。

尽管如此,有一年春天,艾尔还是沮丧地看到,苹果树的一根枝条已悄悄伸进了邻居家的庭院。艾尔想:"我不能剪掉它,秋天它还会结出很多的苹果呢。不过,胡安怎么可以从我的树上获得好处呢?"在粉红色花朵盛开的春天,他异常烦恼;到绿叶满枝头的夏天,他心事重重;当果实挂满枝头的秋天来到时,他决定解决此事。

艾尔站在庭院里采摘苹果,他很努力,却怎么也够不到栅栏另一边枝条上的苹果,他很沮丧。然而,第二天,他在家门口发现了一个苹果蛋糕,卡片上面写着"谢谢",署名"胡安"。艾尔恼火极了,他白皙的脸涨得通红,他把卡片摔到地上,胡安偷了他的苹果!

他带着蛋糕,急匆匆赶往市长家。他把蛋糕掷到桌上说:"看这个,这是用我家树上的苹果制作的,胡安犯了偷盗罪!"市长问:"你肯定做蛋糕的苹果是你的吗?"艾尔怒气冲冲地说:"当然!许多年前,我父亲在庭院里亲手栽下这棵苹果树,土地和树都属于我,苹果当然也属于我。"市长说:"从现在起四天后,法官将去普韦布洛村考察。你既然提交了案子,肯定能得到公正的裁决。"艾尔皱起眉头问:"我应该怎么为法官准备证词?""你已经站在自己一方讲述了事情,但一个栅栏有两边,就像所有争论一样。法官希望你了解问题的两个方面,请你明天带着胡安的观点再来。"市长说。

艾尔朝家的方向走,他努力想象胡安可能会说什么。树枝确实越过了栅栏,胡安又那么贫穷,任何食品当然都受他欢迎。"不过,那是我的苹果树!"艾尔对着一条路过的狗语气坚定地说。

第二天清晨,艾尔返回市长家,说出了他想象的胡安一方的辩词。"他会说苹果落到了他家庭院,因此变成他的了。"艾尔说,"但是,如果一条狗跑进他家院子,狗却不会变成他的。"艾尔为自己想出的精彩辩词感到十分自豪。"但胡安为什么要送给你苹果蛋糕呢?"市长问道。"为什么?嘲笑我呗!"艾尔说。市长说:"可是,胡安没有能力送给别人食物啊。你的说法有欠妥当。一个栅栏有两边,就像所有争论一样,你还需要考虑一天。"艾尔勉强地说:"我将去和胡安谈一谈,但这只会使我的证据更加充分!"

晚上,艾尔坐在院子中,出神地凝视着树木和栅栏。微风下,苹果树发出沙沙的声响;栅栏边,盛开的小花也快活地眨着眼睛。艾尔想:苹果树是我的,所以它的果实也是我的,但是苹果落到了胡安家院子里……胡安为什么要送给我蛋糕呢?

艾尔来到胡安家门口,轻轻敲了几下门。胡安打开门,一看是艾尔,就十分友好地笑起来:"你喜欢那个蛋糕吗?我必须感谢你。你家苹果树伸过来的树枝,给我和家人增添了许多快乐,春天的花开、夏天的绿荫,都令我们无比幸福。我知道,拥有普韦布洛村最棒苹果树的人肯定也是最慷慨之人,但那些苹果,当然属于你。我想,我们从你的苹果树那里得到了如此多幸福,只把苹果归还给你就显得过于微薄了,所以,我妻子用所有的苹果烤成了一个香甜的蛋糕,我们希望你喜欢它!"

艾尔白皙的脸涨得通红,他感觉自己比一只蚂蚁还要矮小。此时,他最初的气愤已经像绵白糖一般完全融化在水中了。

"你愿意和我们共进晚餐吗?"胡安指着餐桌说。餐桌上摆着一些简单的饭菜:豆子、米饭和玉米饼。艾尔知道,明天法官到来时,他不用提供任何证词了。他说:"很乐意,和你们在一起,我很幸福!但请允许我带点东西过来。"说完,艾尔连忙跑回家,仔仔细细地选了一篮最大、最红的苹果,带着这边的甜甜的苹果去了栅栏的另一边。

这篇简短的文章可以很好地帮助我们理清记叙文里情节冲突的因果逻辑,文章一开始就将人物角色放在一起对比。富有的艾尔拥有一棵繁茂的大苹果树,邻居胡安一无所有;胡安乐观、善良、懂感恩,艾尔狭隘、自私、得理不饶人。

把艾尔和胡安这两个人一对比,就有了强烈的反差,相信大家都喜欢胡安,对艾尔很反感。后来,有个小冲突出现了,艾尔的苹果树太过茂盛,伸到胡安家的院子里去了,苹果树开满了美丽的花朵,艾尔很开心,可是因为邻居胡安也欣赏到了美丽的苹果花,艾尔的幸福感就减少了大半,觉得自己吃亏了。接下来就是一个大矛盾,到了苹果成熟的时节,伸进栅栏另一边的枝条也结满了累累果实,艾尔在自家院子里采不到那些苹果,这时胡安却给自己送来了一个用苹果做的蛋糕,他丝毫不领情,狭隘地以为邻居偷了自家苹果去做蛋糕了,还敢送个苹果蛋糕来,这等于是人赃俱获。

接下来,一个神转折出现了,艾尔决定要控告栅栏那边的"窃贼"胡安,后面却发现胡安帮自己采了苹果,为了报答艾尔——因为胡安认为那棵苹果树让他看到了春日繁花和夏日浓荫,他对艾尔充满感激,所以觉得只是帮艾尔采下那些苹果送还回去,还不能表达他的感恩之心,便用所有的苹果做了个苹果蛋糕来感谢艾尔。这个转折连艾尔也没想到,他顿时羞愧难当。

之后,就迎来了故事的大结局——和解,这个和解是正向的,是个大圆满的结局,胡安是一面澄明的镜子,艾尔在这面人性之镜里看到了自己的丑态,他意识到自身的局限和存在的问题,和艾尔和好了。吝啬鬼艾尔最后还破天荒挑了一篮又大又红的苹果,送给邻居胡安。这个结局皆大欢喜,艾尔也真正成长了。

这个故事里的情节冲突很精彩,可以顺藤摸瓜找到营造情节冲突的那条逻辑线索:对比—反差—冲突—转折—和解。看来写出精彩的冲突很容易,遵循情节的因果逻辑就能做到。

写作练习

写一件让你感到愧疚的事情,注意塑造人物形象,情节冲突要出彩。

第二十二讲 | 如何让笔下的人物立起来

一、没有人设的人物不是好人物

看电影的时候,我们经常爱评价影片里的人物,一个角色残暴、邪恶、六亲不认,我们会说"那个人是坏人""那个人是大反派";另一个角色热心肠,一心为他人着想,忍辱负重,我们会说"这个人是好人"。小时候读《白雪公主》的故事,我们会很自然地认为白雪公主美丽善良,皇后狠毒残暴。

这样简单评价一个人的好坏,其实相当于脸谱化人物,这就像京剧脸谱艺术里通过妆容图案的程式化来界定角色的性格一样,有一种固定的谱式。看到红色脸谱,我们会想到关羽这样的忠勇侠士;看到黑色脸谱,我们会想到刚烈正直的包公、勇猛无畏的张飞、果敢鲁莽的李逵等等。在歌曲《说唱脸谱》里有这样的唱词:"蓝脸的窦尔敦盗御马/红脸的关公战长沙/黄脸的典韦/白脸的曹操/黑脸的张飞叫喳喳……"我们认为黄色脸谱表示凶狠残暴;蓝色脸谱表示一些粗豪暴躁的人物,如窦尔敦;白色的脸谱一般表示奸臣、坏人,如曹操、赵高等。

歌词里这么去界定人物,人物难免会扁平化,而现实中,人性是非常复杂的。即使是坏人也不可能是 100% 的坏,一个坏人也有可能爱自己的孩子,爱自己的母亲。一个好人,他也许有过起贪念,想走捷径的时刻。比如,你在路上捡到一个钱包,钱包里的现金足够去买一个自己盼望已久的玩具。这时候,你的内心会有一丝窃喜,觉得捡到的东西反正不是偷来的,不是抢来的,是失主自己粗心丢失的。可是你又会想到"拾金不昧"的故事,你会产生同理心,尤其是看到钱包里还装着各类证件,你设身处地一想,觉得失主肯定很着急。你的内心经过一番善与恶的较量,你还是决定把钱包交给警察叔叔。那么,请问你是个好人还是个坏人呢?

很难回答这个问题是吗?好像自己时而是好人时而是坏人,可这就是人性。"金无足赤,人无完人"说的就是这个道理。现实生活中是如此,那么我们在写作中塑造人物更是不能太过扁平化,要塑造有血有肉的人物。只有让你笔下的人物鲜明立体,这样的人物形象才让人信服。

二、人物都是有"阴影"的

现实生活中,我们很难找到一个十全十美的人,因为我们身上都存在着难以克服的人性弱点。而写作的时候,也要想办法把人物的缺点显露出来,这样塑造出来的人物才不会显得"假",才更接地气。

我儿子上五年级的时候曾经写过一个邻居奶奶,这个奶奶住在小区底楼的车库里,在我儿子眼中,她很爱干净,也有很多特别的本领。

底楼的奶奶

刘流(五年级)

底楼的奶奶,我也不知道她具体姓什么,叫什么。遇到有人叫她名字的时候,说的都是叽里呱啦的方言,我听得云里雾里的。因此,背地里我管她叫"底楼的奶奶"。当然,当她面儿的时候,我只能老老实实叫"奶奶"。

底楼的奶奶五十来岁,个子矮小、奇瘦,估计一阵风吹过来,她得赶紧去抱住电线杆,不然就被风刮飞了。她有一头精心烫染过的卷发,一到夏天,最爱穿剪裁考究的碎花连衣裙,真是个爱臭美的小老太太。

平常没什么事儿,她就在家里洗洗涮涮,她的精力充沛得让我觉得有些不可思议。早上五点多就起床了,骑着她那辆挂着花里胡哨挡风毯的电动车,早早儿地去菜场买菜。大晴天出门,她简直是全副武装,防晒服、遮阳帽、防晒套袖一应俱全,对自己的美貌来个三百六十度的严防死守。

从菜场回来之后,就开始了她的大扫除时间。防盗门、大理石窗台都要拿抹布擦一遍,她连铝合金的防盗窗都不放过。估计她家压根儿不需要买镜子,每一根防盗窗都被她擦得照人影儿,完全能当镜子使。

底楼的奶奶是个讲究人,但她也有一些小毛病,比如爱唠叨,说话声音奇大,感觉她的嗓子里天生长着个大喇叭。

底楼的奶奶对我一向很热情,每天上学从她家门前经过,她都会咋咋呼呼地打招呼:"小伙子,去上学啦?"这种不痛不痒明知故问的话,我听了好几年,早不耐烦了,于是瞟她一眼,嘴里哼唧一声,加快脚步远去……

放学的时候,似乎每天都不可避免地要和底楼的奶奶尬聊几句:"小伙子,放学了?"我的脚步并没有慢下来的意思,哼唧一声:"嗯。"然后窜天猴一样地逃离,生怕她又有一搭没一搭地胡扯:"小伙子,你这么帅,肯定有很多漂亮女生喜欢你吧?"

底楼的奶奶嘴上功夫厉害,手上功夫也不弱。她包粽子还是有两下子的。每年端午节前夕,她都会骑车去长江边采新鲜的芦苇叶回来晒干后包粽子。每次采芦苇叶回来,她画了淡妆的脸被江风吹得通红,出门前精致打理过的卷发也成了一团枯草。外套上还沾着些苍耳、蒲公英毛之类的东西,也真是难为她了。她俯身清理裤腿上的苍耳,得意地说:"到底还是自己采的粽叶好。"

小老太太似乎特别懂我,每次都会送来我最爱的蜜枣粽。说她包的粽子是艺术品,一点儿也不夸张。小巧可爱的粽子竟不用麻绳捆绑,穿针引线般从粽子正中间穿过去一条细细的芦叶,就捆扎实了。剥开粽叶,晶莹的糯米清香阵阵,一口下去,甜糯的蜜枣让人倍感满足。

都说"吃别人的嘴短,拿别人的手软",吃了底楼的奶奶给我包的蜜枣粽,我心里暖暖的。有一天,看她又在楼下晾晒一捆一捆的芦苇叶,我便问她为什么要晒那么多粽叶,难道要做粽子卖吗?她笑着打趣:"你跟奶奶一起去摆摊卖粽子好不好?"

后来听我妈妈说,底楼的奶奶包那么多粽子,是送给养老院里的老人吃的。每年端午节来临之际,她都会义务给敬老院的老人包粽子。在她看来,过端阳节有美味的粽子吃,才算过节了。

从此以后,每次再见到底楼的奶奶,我对她的态度改变了很多,她和我搭话,我再也不会想着马上逃离了。

微风吹起她精心烫染过的卷发,吹起她缀满繁花的裙摆,小老太太是那么美……

第四单元　写作也需要设计

读完《底楼的奶奶》这篇习作，我们便知晓了这个小老太太的性格：说话高喉咙大嗓，有点洁癖，待人热情，爱没话找话聊，乐于奉献……这个奶奶的形象在我们眼前越来越清晰。

小作者把底楼的奶奶的形象塑造得很立体，打扮时髦，生活讲究，勤劳善良。而这些特点，一开始还是通过这个小老太太的一些"小毛病"慢慢代入的。

写底楼的奶奶包粽子的故事，叙事较为详尽，采芦叶、晾晒粽叶、包粽子，甚至"我"品尝奶奶送的蜜枣粽都事无巨细写出来了。这一部分看似把更多的笔墨放在讲述包粽子这件事儿上，看似有扯闲篇儿的嫌疑，其实这些内容很重要，给我们的感觉是小作者做了很细致的观察，这些细节出现的目的就是为了让我们能看到底楼的奶奶一天到晚为家事操劳，那么辛苦，还要亲自去采芦苇叶。邻居奶奶的品格便在这些细节描写里一点点清晰起来，这样读者就能很清楚地"看见"这个角色。

写底楼的奶奶，并没有一上来就直接评价说她是个热心、善良、心灵手巧的人，而是先从她的那些"小毛小病"入手，接下来再话锋一转，一点点抖出她的优点，这就有了一种柳暗花明之感。每个人都是有瑕疵的，我们都或多或少有这样那样的缺点，我们不可能做一个一百分的人，不可能都是"高大全"的形象，即使站在阳光下，还有阴影出现呢！写作中塑造人物时巧妙地将那些"阴影"呈现出来，也许这些小瑕疵往往就能成为一抹亮点，成为最好的陪衬。

你说自己的妈妈"刀子嘴豆腐心"，你说老师有严厉的一面又有温柔待人的一面，就是如此，一个人往往是"好坏参半"的，没有一点缺点的话，这个人往往会失真。这就像很多人拍照习惯用美颜相机磨皮，磨皮太过，脸上一个小斑点都没有，可是这一切都不是真实的,精心修图之后的这个人似乎也不是自己了。做人贵在真诚,写作贵在真实,塑造人物形象也是这个道理。写人物,要想不失真,别忘了去好好描绘那抹阴影。

三、让人物演好自己的角色

有一部治愈系的儿童成长电影,片名叫《树上有个好地方》,里面有一个严厉古板的殷校长,学生巴王超过背地里给校长起绰号,叫他"殷神仙"。这个"殷神仙"处罚学生手段阴狠,他每天在校园里神出鬼没。为了给上级交差,阴神仙骗走巴王超过的娃娃书(小人书)为校阅览室充数,但最后并没按承诺把阅览室的娃娃书借阅给学生们看;原来他这么做的目的是禁止让学生看娃娃书,才使出阴招要诈。为了学校在联考中有个好的排名,阴神仙甚至停掉了音乐、体育、美术课,一切都要给分数让步。在联考前的那个大雨天,殷神仙让不明就里的年轻支教老师给监考老师买来很多西瓜,就是要让监考老师吃了西瓜多上厕所,为学生作弊创造机会。

影片里可没有直接下定义说校长是一个严肃、刻板、虚伪、不理解孩子的人,而是通过他做的一件又一件事来表现这个人物性格的。

《三联生活周刊》记者李秀莉采访了《世上的果子,世上的人》的作者秦秀英:

> 秀英奶奶今年75岁,在内蒙古河套平原上生活了大半辈子。像大多数进城的农村老人一样,她还没学会说普通话,一开口仍是浓重的河套方言,需要仔细辨别才能听得懂。

或许是常年劳作的缘故,她微微弓着背,肤色偏黑,双手关节粗壮、布满皱纹。见客人来访,显得有点拘谨,习惯性地想往儿子的身后躲。这时候的她,更像一位在乡村待了大半辈子的老人,而不是已经出版两本书的"作家"。

一口浓重的河套方言,微弓的背,偏黑的肤色,双手关节粗壮、布满皱纹。这些描写一下子就把秀英奶奶的神韵描摹出来了。朴实的农民奶奶,与质朴的文字风格结合在一起,反而碰撞出难能可贵的平实与美好。

写作练习

写一个你最敬佩的人,力求人物形象立体鲜明。

围绕"敬佩"这个主旨去展开,你敬佩的这个人有什么特点?个性是怎样的?他有哪些品格值得你敬佩?他有哪些优点和过人之处?他有缺点吗?这些小瑕疵出现在你文章中的作用是什么?你要考量的是该以怎样的方式来讲述这个故事。

第二十三讲 | 营造合理的时空环境

讲故事的时候,营造时空环境很重要。因为我们人类生活在时间和空间之中,我们无时无刻不在时空范畴内活动和思考问题。写作也是如此,笔下的故事、人物的命运也存在于时空变化中。因此,时空观也是笔下的人物思考与认识世界的一个重要思维方式,在记叙文写作的过程中,要学会为故事营造合理的时空环境。

一、时空环境让主题现形

简单来讲,时空环境就是故事背景,它是用来衬托角色和情节的。故事发生的时空起点、终点、跨度、节奏、视角等要素,就构成了时空环境。时间的设置、地点的转换支撑着故事的骨架,如果时空环境营造不好,故事的精彩度也会大打折扣。

思考一下,假如你是广告片导演,你要拍一个咖啡广告,你会选择在哪里拍?我会想到老树咖啡的广告词:"闲时老树下,一书一咖啡。"这句广告词妙就妙在它的时空环境一下子就出来了。午后的阳光一点点从密叶间筛下来,在郁郁葱葱的大树下静坐,惬意地喝着一杯香醇浓郁的拿铁咖啡,手里翻着一本读了一半的书。时间是一个晴朗的午后,空间是在树荫里,这样的氛围很适合享受一杯咖啡,读一本好书。这就是时间和空间对表达主题的助力。也就是说营造时空环境的水平高低,关键看是否符合想要表达的主题。如果广告片的主题是去推销一瓶烈酒,那么午后在树荫里喝一杯烈酒,就显得不伦不类了。

二、营造时空环境的独门暗器

写作中,营造时空环境的诀窍就是要描写细节,细节不在于多,而在于精准具体,而且细节是为文章服务的,空泛的、累赘的细节不是真正的细节。

张继的《枫桥夜泊》这首诗,大家耳熟能详。夜已过半,月落乌啼,冷霜寒天,江枫渔火,孤舟客子,一城一水,千种风情,万般神秘,更添一份羁旅惆怅之情。

枫 桥 夜 泊
张　继

月落乌啼霜满天,江枫渔火对愁眠。
姑苏城外寒山寺,夜半钟声到客船。

作家汪曾祺的小说《受戒》的结尾这样写道:

英子跳到中舱,两只桨飞快地划起来,划进了芦花荡。芦花才吐新穗。紫灰色的芦穗,发着银光,软软的,滑溜溜的,像一串丝线。有的地方结了蒲棒,通红的,像一枝一枝小蜡烛。青浮萍,紫浮萍。长脚蚊子,水蜘蛛。野菱角开着四瓣的小白花。惊起一只青桩(一种水鸟),擦着芦穗,扑鲁鲁鲁飞远了。

这一段描写呈现出了动人的细节。小说家对色彩的把握,有一种独到的审美。颜色如此丰富:紫灰、银、通红、青、紫、白,色彩斑斓。草木虫鱼次第出现:芦花、蒲棒、青浮萍、紫浮萍、长脚蚊子、水蜘蛛、野菱角、小白花、青桩鸟。这一段描写意象极美,值得我们细细琢磨,用心仿写。因为这里涉及的无论是描写颜色的词还是风物类,都是简单日常的,只要我们认真观察,相信人人都写得出来。

从上面的例子可以看出来,写好背景的诀窍就是写细节。好的时空描写可以给主题加分。很多作家、诗人写季节,诗句里却不直接出现季节的字眼,只描写空间,就让人有了时间的概念,因为时间和空间是唇齿相依的,最高级的写法就是"我写了,你就懂了"。比如"千山鸟飞绝,万径人踪灭",诗句里没有出现"冬"字,但我们一读,就知道诗人写的是冬天的景象。再比如白居易的《夜雪》一诗:已讶衾枕冷,复见窗户明。夜深知雪重,时闻折竹声。诗人描写冬天,但是从头到尾都没有提"冬"这个字。春天是"几处早莺争暖树,谁家新燕啄春泥。乱花渐欲迷人眼,浅草才能没马蹄。"夏天是"风蒲猎猎小池塘,过雨荷花满院香,沉李浮瓜冰雪凉。"秋天是"山明水净夜来霜,数树深红出浅黄。"

这些诗歌之所以不朽,就是因为诗人的着力点放在细节上,而不直接点出"春""夏""秋""冬"这几个关于季节的字眼。

三、环境不是装饰品

营造时空环境能让读者迅速找到自己的定位,产生强烈的代入感。空间的首要构成要素就是环境,这里的环境包括自然环境和社会环境。写环境其实就是在从侧面写人,因为时空环境只是手段,表情达意才是目的。正如作家茅盾所说:"人物不得不在一定的环境中活动,因此,作品中就必须写到环境。"作品中的环境描写,不论是社会环境还是自然环境,都不是可有可无的装饰品,而是密切地联系着人物的思想行动的。

作家张之路的短篇小说《羚羊木雕》开头是这样的:

天上下着雪。我一个人孤零零地走在去万方家的路上。雪花在路灯前飞舞,路灯在雪花中发出昏暗的光。我和万方家只隔一百多米,可是我却走了好久好久。白天我们还在这里举行百米赛跑,那时候,这条路显得又平又直,可现在下雪了。我一个人慢慢地走着,脚下发出"吱吱"的声响……

天上下着雪,一个人孤零零地走在路上,昏暗的路灯光,这一系列环境描写映射出"我"矛盾、愧疚、委屈的心情。

表达情思、抒发情感要具有诚挚性、独特性和感染性,真诚最为重要,缺乏真诚,就会显得假大空。诗人北岛在散文《女儿》的结尾写道:

那天,午觉醒来,大雨撼动屋顶。看表,3点10分,田田正要下课。开车到学校,找不到停车位,开紧急灯,打伞冲进去。学生们正向外涌,一把把伞迎风张开。我到处找田田那件红绒衣。男孩子五大三粗,女孩子叽叽喳喳。我逆流而行。很快,人去楼空。我转身,雨停,天空变得明朗。

这一段干脆利落,富于动感的语言,让时空环境像电影画面一样呈现。一个撑着雨伞着急接女儿回家的父亲,穿红绒衣的花季少女,父亲对女儿的呵护和放手,在那个雨过天晴的傍晚留下动人的画面。

写作练习

1. 怎么能不写"秋"字,就让读者一眼看出这是秋天?试写一篇关于秋天的作文。

2. 一个寂寞的人在什么背景里会显得更寂寞?请给这个主角设计一个时空环境。试写一下。

第二十四讲 | 听说讲故事有公式

一、好莱坞编剧的故事公式

写作就是创作故事,不是所有的故事都让人有听下去的欲望,好故事是需要设计的。

分享两个商业大佬开产品发布会的故事,来进一步说明讲好故事的重要性。小米科技创始人雷军在接受《人物》杂志采访时曾透露,小米为了保证新闻发布会场场爆满,会做大量的准备工作,他们提前一天租会场演讲彩排。苹果公司创始人乔布斯把这一项准备工作更是做到极致,乔布斯在每次演讲前都会花几百小时收集素材,再花上百小时来整理演讲素材,定稿后还要多次演练。怎样讲故事才能吸引人,乔布斯的神级演讲把故事设计的环节看得尤为重要。

企业家演讲是要讲好品牌故事,我们写作是要讲好生命故事。如果你不知道怎样把故事讲精彩,可以运用好莱坞的经典故事公式。这个万能故事公式来自好莱坞赫赫有名的动画制作团队:皮克斯动画工作室。

这个万能故事公式就是:目标—阻碍—努力—结果—意外—转折—结局。也可以变成一道填空题:从前_____,有一天_____,于是_____,但是_____,然后_____,这时_____,最后_____。

目标——主角的目标是什么？

阻碍——主角达成目标的路上，遇到了什么阻碍/遭遇了什么困境？

努力——主角怎样努力去克服阻碍，逃离困境？

结果——努力后的结果如何？（这时的结果往往不尽如人意，事情一波三折）

意外——结果不理想，这说明之前的努力无效，主角何去何从？（这时意外发生）

转折——意外发生后，情节如何转折？

结局——故事最终有着怎样的结局？

安徒生的《海的女儿》也是符合这个故事公式的：

目标：小美人鱼冒着生命危险救了王子，从此爱上王子，王子被人带回王宫，小美人鱼想去寻找心爱的王子。

阻碍：小美人鱼是一条鱼，没办法去找王子。

努力：小美人鱼想变成人的样子，找到海巫婆，求她把自己变成人。

结果：喝下海巫婆的药，一旦变成人，就再也不能变成鱼儿游回大海了。作为交换，海巫婆割去了小美人鱼的舌头，拿走了她动听的声音。

意外：王子娶了邻国的公主，小美人鱼必须得兑现对海巫婆的承诺，将在王子婚礼的前一天早上死去，变成海里的泡沫。

转折：姐姐们赶来救小美人鱼，去求海巫婆。海巫婆给小美人鱼一把尖刀，只要刺中王子的胸口，小美人鱼就能得救。

结局：小美人鱼把刀子扔进大海，自己跳进大海里，变成了一片白色泡沫。

大家可以用填空题的形式来呈现这个故事公式：从前

_____，有一天_____，于是_____，但是_____，然后_____，这时_____，最后_____。

将《海的女儿》的故事进行拆解，能更好地明白这一点：好的故事是需要设计的。好莱坞导演、剧作家罗伯特·麦基说："故事是将现实生活有创意地转换成更强有力、更清晰和更有意义的体验。"还是那句话，写作源于生活又高于生活。

二、像剥洋葱一样设置冲突

好的故事一定是"设计"出来的，冲突一层层升级，才能让故事环环相扣，引人入胜，也就是说，在讲故事的时候，冲突尽量不要一次讲完，应该像剥洋葱一样，一层一层地呈现出来。

很多小说、电影的情节推进都用了这一绝招。以电影《银河补习班》为例：整部电影最感人的地方就是1998年的洪水。小男孩马飞被困在一间即将淹没的房子里，他的父亲马皓文在堤坝上拿着喇叭高声呼喊、鼓励儿子，要小马飞在危难之际不要放弃思考，不要放弃希望。最后，马飞在滔滔洪水中获得了求生的机会。

《银河补习班》从主题到立意再到穿插的情感，深深击中人心。故事从一次航天发射开会说起，飞行员马飞和另一个同事一起升空，然而就在即将返回地面的时候，飞船出了故障，与控制中心失去联系。如果信号无法恢复，飞船就无法返回，这就意味着他们就要永远漂流在漫无边际的宇宙中。（这惊心动魄的一刻，就是创作者制造的问题，也是在实现目标的进程中遇到的巨大阻碍）两个宇航员不得不做好随时牺牲的准备，在生命即将进入倒计时的情况下，马飞回忆起了自己的父亲，那个他生命中最重要的人,那个改变了他一生的人。

整个故事就是围绕马飞在宇宙飞船上的回忆展开的,马飞的成长轨迹也在回忆中一点点清晰起来。马飞小时候是地地道道的学渣,同学们都叫他"缺根弦",表演排练的时候,他永远是拖后腿的那个学生。老师不喜欢他,同学们更是排挤他,只有爸爸对他从未放弃,鼓励他为心中的梦想努力。

当然,马飞也有自己的高光时刻,他在电视上看到自己的设计师父亲成了亚运会火炬手,而且爸爸还来到他的学校,把他举高抱起来。这时,情况陡转直下,让爸爸成为火炬手的那座桥竟然在直播画面里轰然倒塌,之后,马飞父子俩的命运似乎也随着大桥一起倒塌了。爸爸进了监狱,妈妈改嫁了。

这些遭遇无疑把马飞摁向了命运的谷底,好在没文化的土老板继父对马飞也还不错,出钱给他上了好学校。亲爹马皓文出狱的第一天就碰上学校要开除马飞的严重事件,理由是他屡教不改,偷看课外书。继父嚷嚷着要找关系摆平,亲妈哭着给教导主任下跪,而亲爹却跟教导主任打了个赌:只要学校不开除马飞,他承诺这个学期结束后,马飞的成绩从班级倒数变成年级前十。别人都觉得马皓文疯了,继父嘀咕说马皓文的脑子可能在牢里被人打傻了。从这里开始,马皓文寓教于乐的教学旅程开始了,电影也是从这里开始探讨一个主题:教育的目的到底是什么?

马皓文在工地上利用U形管检测压力赚到了800块钱,让已经厌学的马飞瞬间看到了知识的力量。马皓文在送马飞上课的路上,带他去草坪上感受"草色遥看近却无"的真谛,当马飞想要一台电脑时,马皓文费尽心思满足了马飞的愿望。马飞想去看航空展,马皓文竟然在考试前给儿子请了半个月的假……层出不穷的矛盾冲突,紧紧抓住了观众的眼球。情节之所以精彩,就是因为矛盾迭起、冲突不断。解决了一个麻烦,又出来一个新的更大的麻烦,真可谓是按下葫芦浮起瓢。

由此可见,讲故事的时候,情节的设计非常重要,因为人物不能总按照自己的愿望行动,目标也不是那么容易就能达成的。要想故事精彩,就要设置种种障碍,制造环环相扣的矛盾冲突,这样故事才会精彩纷呈。

三、给故事添加调味料

选择一本你最喜欢的小说,分析故事文本的几个重要剖面,看看作家是如何讲述这个故事的。可以参考下列问题:

△ 主角为什么吸引你?
△ 主角想要追求的目标或者逃离的困境是什么?
△ 故事什么时候迎来高潮部分?
△ 主角追求目标时,面临的主要障碍有哪些?
△ 看完结局你感觉如何?这个结局好在哪里?

学会拆解小说的情节编排技巧,把这些技巧运用到自己的写作中,这就是学以致用。

以法国作家莫泊桑的短篇小说《项链》为例:小公务员的妻子玛蒂尔德为参加一次对她来说机会难得的晚会,向朋友借了一串钻石项链,来炫耀自己的美丽。不料,项链在回家途中不慎丢失。玛蒂尔德只得借钱买了一条外表一模一样的新项链还给朋友。为了偿还欠下的巨额债务,她节衣缩食,为别人打短工,整整劳苦了十年。最后,玛蒂尔德得知当年所借的项链竟然是一串假钻石项链。

女主角玛蒂尔德之所以深深吸引我,是因为玛蒂尔德生活的拮据让她对上流社会愈加渴望,求而不得的欲望让她痛苦万分。这个被欲望的洪流裹挟的人,就像一面镜子,照见了我们每一个人,她其实是典型人物的典型代表。莫泊桑在创作这篇小说时,给作品添加的"调味料"就在教导我们如何写出精彩的故事。

写作练习

分享一件至今回想起来依然让你觉得难忘的事情。

第五单元

落花水面皆文章

第二十五讲 | 解锁日记写作的密码

写日记,很多学生都很头大,总是在抱怨:生活枯燥乏味,每天都过得差不多,家庭、学校两点一线,太阳底下无新鲜事,哪有那么多值得一写的东西?

谁都知道,日记当然要记录一些特别有意义、有启发、有感触的事,可是我们每天都过着普通平凡的生活,从早上开始,到中午,再到晚上,日子波澜不惊,周而复始,怎样才能写出有意义的日记呢?

关于写日记,我们通常面临两个难题,一是不知道写什么,二是有了想写日记的念头,也不知道怎么写,无从下笔。

要想解决写日记难的问题,首先就要找到那些特别的东西,就算我们的日子过得很普通,也不要因此苦恼。别忘了,与普通相反的就是——特别。也就是说,有无数个"普通"的存在,一定对应着无数个"特别"。比如,晚餐一般都是吃炒菜配白米饭,可是,有一天放晚学回家,发现妈妈正在给你烤披萨。这是不是就够特别的?还有,你种下了一个土豆,恨不得一日看三回,前几天一点动静都没有,就在你快要失望的时候,你觉得再细心地浇水也是徒劳的时候,有一天早上,忽然发现泥土拱起来一个小土包,土豆竟然发芽了。这种从希望到失望再到惊喜的心理过程,就是很好的日记素材。

一、用细节去速写日常

若写日记苦于没素材,可以从锻炼自己的观察力开始。生物学家达尔文说:"我既没有突出的理解力,也没有过人的机智,只是在觉察那些稍纵即逝的事物并对其进行精细观察的能力上,我可能在众人之上。"由此可见,培养自己的观察力是多么重要。

1. 观察四季变化

春天什么花最先开?是迎春花还是玉兰花?樱花几月份开放?哪种樱花开得最早?早樱和晚樱有什么不同?油菜花盛开的季节是什么样的?海棠花开得有多美?这些春日美景一定会对你有所触动,动笔去记录这个美丽的季节吧!

但写观察日记的时候不要泛泛而谈,春天的美不是"春花烂漫""花红柳绿""草长莺飞"这几个成语就能概括完的。比如,你经过一片油菜花海,第一天经过的时候可能花还没全开,可第二天,油菜花已经在阳光下绽放了;几天之后,你再细细观察,油菜花的香味渐渐淡去,已经长出了绿绿的荚果。观察油菜花,你还可以去做一些功课,去了解更多关于油菜花的知识,比如,油菜还有个浪漫的名字叫"芸薹",它还是一味中药呢!根、茎、叶都有药用价值。油菜最早是从欧洲与中亚一带传到我们国家的,有油菜花的春天才更加浪漫,有些地方甚至因为大片的油菜花海而得名,如江西婺源有蔚为壮观的油菜花人造景观,婺源因为有了油菜花的加持,才有了"中国最美的乡村"的美誉等。

当然,这只是以春天的油菜花为例,从观察入手,再深入展开,这样去拓展你的观察视野,去丰富你的知识库,同时也就是在丰富你的写作素材库。

你也可以去观察海棠花,只有你刻意去观察,才会有新的发现、新的收获。就在我们生活的城市,我都能发现好几种海棠花:西府海棠、贴梗海棠、木瓜海棠、垂丝海棠等。它们各有各的美,我个人偏爱西府海棠,春日散步,遇到西府海棠花盛开,就挪不动脚步。西府海棠树态独具风韵,花艳而不俗,似胭脂点点,像迷你版的粉荷,香味也很清新,这个品种是海棠中的上品。历史上以海棠为题材的名画也很多,最有名的就有大师张大千晚年画的《海棠春睡图》。

以上两个观察案例是想告诉大家,要把观察落到实处,观察的功课要做扎实,你才能获取更多的信息,这些信息才会对写作有帮助。也只有学会刻意观察,你的观察力才会变得敏锐起来。

2. 那些特别的人、特别的事

时刻记住,我们日记本里的每一页纸都要留给那些特别的人、特别的事情。在生活中做个有心人,你的生活也会更有声有色。

有一天,我写了一篇日记。起因是这样的,我下楼准备去吃午饭,这时,一个年轻小伙子牵着一条宠物狗跟在我身后,那个小伙子一路走一路刷手机。小白狗似乎有些不耐烦,一直试图挣脱主人的牵引绳。毫无预兆地,小狗朝我冲过来,小伙子只顾低头看手机,手里的绳子就松了。小狗冲过来,一口叼住我的风衣。还好我的衣服够长,它没有咬到我,却把我吓得不轻。这是一件够特别的事情,因为这是我这几十年的人生里第一次被狗咬。我就想写一篇日记,记录这个对我来说有点惊悚的事情。

记录这件事情的目的,我想表达的内容有两点:第一点,你若是一个宠物的主人,你得履行好自己的职责,出门得看管好你的宠物,以免宠物伤害到别人。第二点,我也想提醒小朋友们一定不要去接近你不熟悉的宠物和小动物,就算你很喜欢动物,很有爱心也不行。因为你不熟悉小动物的习性,有可能就存在潜在的危险。

看,我这一天就找到了一件特别的事情来充当日记素材。但是,为了写日记,我也不可能天天期盼自己被狗咬啊!这样独特的又有些可怕的经历,我再也不希望有第二次了。我还会去找到新的日记素材,前提是要有一双善于发现的眼睛。

3. 记录自己的感悟、感触和收获

日记的素材范围很广,作为中小学生,你每天都在学习、读书。你读一本自己喜欢的小说,如《小王子》《夏洛的网》《雾都孤儿》《胡桃夹子》等,你昨天读了几页,今天又读了几章,书是有变化的,你阅读之后的心情、感受也在变化。而读书当然也属于你的一种亲身经历,因为是你在读,在理解,在情感上有共鸣,所以你就可以把你读书的心得体会和收获写下来。

这样,你的日记素材就源源不断了。写这一方面的内容还有一个好处,你读书后再写日记,就变成了一个温故知新的过程,对你理解阅读过的作品,开阔你的阅读视野大有裨益。

也有同学有疑惑,会抱怨作业多,说自己读不了那么多书。其实,我们要灵活一些,一篇文章读完,你有感触,就可以写一写,不一定非得去分析厚厚的一本书。以此类推,你还可以每天找一个作家、画家来写他们的故事。大师们成了你日记里的主人公,是不是特别有趣呢?有一次,我无意间看到了画家何多苓的一个访谈,就对这个画家的作品很感兴趣,我就特地花时间去了解这个画家,知道他是"伤痕美术"的代表人物,他的作品抒情、诗意、优雅又忧郁,我最喜欢的就是那幅《躲起来的春天》,接着我又写我为什么对那幅作品情有独钟。这是我自己常用的方法,这个方法常用常新,不愁没内容可写。

你可以让这些大师们"排好队",比如,这几天你打算写哪些画家,如文森特·梵高、达·芬奇、伦勃朗、鲁本斯、追光大师莫奈等。不同的画家有不同的故事,你讲好他们的故事的同时,其实是一个学习的过程。他们生活的时代不一样,绘画风格不一样,绘画题材不一样,绘画的技巧也不一样。你还可以写你熟悉的、喜爱的画作,如中国的《清明上河图》《富春山居图》《千里江山图》等等。这个时候,你会发现自己越来越厉害了,越来越会深入研究了。

你也可以找诗人来做你笔下的主角,每天写一个诗人,李白、杜甫、李商隐、苏东坡、辛弃疾等文学巨匠都等着你去写呢!这样你不仅了解了这个诗人的生活背景,也能更进一步了解他们的作品,这对你在文学知识方面的积累也是很有好处的。按照这个寻找日记素材的方法,想一想还有哪些素材等着你呢?

可以写动物,今天写牧羊犬,讲有哪几种牧羊犬,明天写拉布拉多犬,找到它们的不同与特别之处,光是写小狗,素材都层出不穷。当然也可以写植物,写多肉植物、写花卉、写绿植,这样你的素材库会越来越丰富。我们可以像65岁才开始重新识字画画的秦秀英奶奶一样,去写自然笔记,因为大自然是一座宝库,一草一木、一鸟一虫都是我们的观察对象,都可以走进我们的日记。20世纪俄国文学家普里什文的《林中水滴》就是他观察森林王国写下的日记,这部日记体小说竟成了作家创作成就的高峰。

除了像普里什文一样写观察日记之外,还可以写读后感,写电影观后感,写学习心得……这个时候,相信你已经成功解决了

"无物可写"的难题了吧？

二、让日记收藏你的白日梦

有米下锅了，有东西可写了，接下来怎么写出有质量的日记或周记呢？你要先找到写作对象的特色。比如莫奈的特色是什么？文森特·梵高的特色是什么？这两个画家不一样的地方在哪里？这就是特色。接下来，还要加入写作对象对你有什么影响。你不会无缘无故地去写某个人，你一定从这个人身上得到了什么启发，或者说这个人及其艺术作品给你带来了触动，让你发生了什么改变等等，都要考虑到，这就是你的自我成长和变化。

写周记也是如此，你每周找一个深一点的题材来研究，这个刻意练习的过程，不但可以让你写出丰富的日记，写出有深度的周记，还可以拓宽你的认知边界。写日记不是等着特别的人、特别的事情来找你，也不能只写自己懂的那点东西，我们的个人经验永远是有限的，不可能有足够的广度和题材来让你写，所以我们要不断充实自己。只有有意识地去扩充自己的知识库，才能有源源不绝的写作素材。

唯有向外去寻找、去阅读、去观察、去研究，这样你的知识和经验才会丰富起来，你才会变成一个充满创意的人。不要把自己圈囿在信息茧房里，这样创意很快就会用完，你的写作灵感也会很快枯竭。

写日记，最重要的是不要只写你个人的经验，而是要把知识，如关于莫奈的知识，关于辛弃疾的知识全面挖掘以后，结合你自己的情感，结合自我的变化，这时候你就超越了原来的那个狭小的空间，或者说是狭隘的自己。

日记是帮助你成长的一个重要的记录,日记就是你的成长地图,它不断丰富你的人生,所以得认真对待。每天有收集,有思考,才会有输出。

三、变身日记达人

有时候,我们需要写观察日记。比如写养蚕宝宝的观察日记,写观察绿豆发芽的日记或者观察校园植物角等,这种观察类的日记很有意思,需要我们用心观察,才能有新的发现,才会有新的收获。要想写好观察日记,就要养成刻意观察的习惯,而且还要投入情感,不能只是把它当成一项老师布置的作业,不情不愿地去完成打卡任务。因为自发性的写作和被人强迫着去写是完全不同的心境,因此写观察日记也要投入情感。

1. 养成刻意观察的习惯

观察,一定要刻意,也就是要特意,要用上全部心思。观察不是与生俱来的天赋,观察力不是天生的,靠的是我们的后天训练。你必须要刻意训练你的观察力,观察力的提升需要一个耐心的训练过程。缺少观察习惯的人看所有的东西都一样,很难有新的发现。所以,观察日记其实对训练我们的观察力很有帮助。想一想假如你养了一棵风信子,如何展开你的观察工作?

首先,观察风信子的球根,它是什么颜色的?养了多久,它开始发芽?叶片是什么样子的?风信子开出了什么颜色的花,有香味吗?要特别注意植物成长过程中的变化,如果你的风信子是水培的,更有利于观察,因为它的根须、球根的变化都能看得一清二楚。

其次，观察可不光只是用眼睛，你要全身心投入。要学会思考，视觉、听觉、嗅觉、味觉、触觉五感要团结协作，共同努力。只有观察到位，观察日记才会写得灵动鲜活。

2. 写作一定要投入情感

写作一定要投入情感，比如你从风信子的成长过程中发现了什么？这跟你的情感之间有什么联结？比如：风信子最初的球根其貌不扬，甚至有点丑陋，像一坨土块，可是它却能爆发出巨大的生命能量，会发芽，长出肥厚的叶片，会长出密实的花蕾，开出芬芳夺目的花。最关键的是它只要有一点水就可以了，不需要你去施肥，不需要特别的管理。这时候你就会想：这一切美的蜕变，其实是那个并不光鲜的种球在发力，在全力以赴地去张扬自己的生命，这时候你是不是就有所触动？

要学会把你观察到的变化跟自身情绪上的变化、情感的变化结合起来，做到这一点才能让你的观察日记有情感、有温度。

当然，并不是说只有植物适合我们观察，适合我们写观察日记。一道菜、一块精致的蛋糕、一个珍爱的收藏，都可以用心去观察，去感受它独特的存在。

写作练习

今天的日记，你有想法了吗？打算记录什么？要重视每一篇日记，不要抱怨没灵感，因为创意与灵感是森林里的兔子，是需要去追的，而不是坐在那儿等待。日记是个大大的包容性很强的容器，什么生命故事都能往里装。积小胜为大胜，积跬步至千里。写自己想写的，写自己能写好的。每个人都有自己的写作优势，相信自己，开写吧！

第二十六讲 | 读后感是心灵的对话

作家海伦·凯勒说:"读一本好书,就是与一颗伟大的心灵对话。"那么,读完一本书,能静下心来写一写读后感,无疑是阅读者与写作者、与书中人物的圆桌对话。读后感其实就是读书心得,就是要将你读书之后的感悟、思考和心得体会写出来。写读后感,是检验阅读效果的好方法。读书,吸收知识,获取信息,是一个积累的过程。我们无法做到过目不忘,因为我们都存在一个遗忘曲线,因此不能只是依赖自己的记忆。列宁同志有惊人的记忆力,他能准确记住国民经济统计的繁杂资料,对阅读过的资料了如指掌。他常常指导他的助手,到哪本书的哪一页去查证他所要的资料。列宁似乎有着过目不忘的非凡记忆力,同时他也勤于动笔,因此一生中写下了大量的读书心得。

俗话说"好记性不如烂笔头",养成写读后感,记录读书心得的习惯,久而久之,就能把获取的信息和知识进行反刍,这样才能理解得更深刻、更牢固。因为阅读是吸收、是积累,而写作是表达、是倾诉,写读后感则可以完美地将这两大板块有机地结合起来。当然,并不是说所有的书阅读之后都要写读后感,你得有感而发,有话要说,有情可诉,不吐不快是最好的写作状态。

读后感怎样写才有深度呢?可以分三步走。

一、初阶版：写综述

每个学生对写读后感都不陌生，我也读过很多学生写的读后感，大部分作品只能算是初阶版读后感，写出来的就是一篇综述。

综述就是综合叙述，并不是简单概述书本内容。很多同学写读后感，整篇文章差不多从头到尾把书里的内容梳理一遍，完全没有自己的分析和思考。这样的读后感充其量就是个信息积累卡片，因为完全没有谈及自己的感想和心得体会。

一本书的综述，其实大家也不陌生。现在很多同学喜欢在一些读书软件上听书，有个很火的读书会的主讲人，他在讲一本书时，会先把这部作品的精彩内容讲透，把结构、层次都分析清楚以后，再用自己的语言把这本书是怎么回事、这本书讲了些什么、这本书是怎么讲的这几个问题一一介绍清楚。

这并不是简单的概述，其中包含着主讲人的思考与分析。对听众来说，也就不是读个简单的故事梗概，而是能得到更多的信息、阅读视角和启发。也就是说，写书籍的综述不是只按照书本身的叙述顺序从头到尾概述出来就行的。在动笔之前，你得对作品的结构、内容、写作逻辑等进行拆解和重组。

二、进阶版：亮出自己的立场

读完一本书，可以谈谈自己的偏好，如喜欢哪一部分、喜欢哪个角色、喜欢哪些章节等。但这并不是对书进行评鉴，因为大多数学生都还达不到评鉴一本书的水平。因为评鉴是需要有深厚的专业背景做支撑的，你得知道这本书在某个特定的图书序列（如某种类型或某个时代）中居于怎样的位置，这对毫无专业背景的人来说可不是件容易事。

所以,写读后感不妨先从自己的立场出发,谈谈你个人是否喜欢这本书,具体喜欢(或不喜欢)的是什么。这就要求你先得做好第一步工作,那就是读通一本书(也就是完成初阶版的要求之后),才能真正拥有自己的思考和探索。你每提出一条喜欢(或不喜欢),都得用书中的具体内容来做支撑,并且这个支撑不能是孤例,你得基于对全书同类型内容的汇总与综合分析来梳理出你的体会和感悟。

例如,要想写好《平凡的世界》的读后感,你得先读完这部作品,而不是随便拿来一册,随手翻翻就开始发表议论。这样做就有点敷衍,这篇读后感的支撑力就不够。写读后感,先得在阅读上下功夫,没有这扎实的一步,写出来的感悟与心得也只不过是隔靴搔痒。

三、高阶版:提出问题并解决问题

高阶版的读后感,最重要的一点是要用心提出一个问题,然后基于作品内容展开讨论,从而进一步解决你提出的问题。别小瞧"提出问题"这个工作,提出有意义、有深度、有价值的问题是很有难度的事情,这么做的前提是你要对自己选中的作品有完整而透彻的理解。你得有自己的阅读和思考角度,并且还能找到真正走近它的秘密通道。

这几年,我读过的学生写的读后感估计上百篇,有很多同学写作时总想走捷径,到网上随便一搜索,原封不动地把那些内容抄下来,这样去对待读后感就毫无意义了。同一本书,我能看到很多条秘密通道,能提出很多个问题,对学生而言,高效地阅读一本书,从中找到一个问题并不是什么难事。

以法国作家安东尼·德·圣-埃克苏佩里的《小王子》为例,你可以试着去问两个问题:

1. Why,为什么

学会问"为什么"能推动你去思考内容背后的逻辑。

比如:"我"小时候画的第一幅作品明明是正在消化大象的蟒蛇,为什么大人看不懂"我"的杰作,他们非要说"我"画的是一顶帽子呢?

还有,小王子请求"我"给他画一只绵羊,为什么他最满意的作品是"我"对他不耐烦的时候潦草地画出的那只空箱子?

因为作者想告诉我们,"看东西只有用心才能看得清楚",你提出问题并试着去解决问题,才能真正有收获。

2. if,如果……怎么样

如果改变某个条件,看看情况又会怎样,这一方法有助于你挖掘真正的本质性的因素。

比如《老人与海》这部小说,你可以问:为什么小男孩马诺林的父母要带走他,阻止他再和老人一起出海? 也可以问:如果小说设计的一连串意外里,要是马诺林和老人最后一起出海了,故事结局会改变吗?

当然,学到了这几个方法,并不代表你就能写出高质量的读后感。你现在要做的,就是去阅读、去思考、去讨论,逐步找到提问和思考的秘密通道。

有一定写作基础的同学也可以学会抓概念,写你得到的启发,或者去找细节,这些角度都是写读后感的有效路径。还是以

《老人与海》为例,你若对作家海明威的"冰山法则"很感兴趣,那你在读后感里就可以大胆地抓住"冰山法则"这个概念,去剖析其中的写作秘诀。总之,只有书读得多了,抓取重要信息的能力、深入思考的能力、看问题的能力才会逐渐提高。

读安武信吾、安武千惠、安武花一家人合力写下的温暖之作《会做饭的孩子走到哪里都能活下去》,我深受触动。我看完之后,写了一篇读后感,借此告诉大家,读书要有自己的思考,要把书本知识和自己的生活相结合,这样读书的效果才更好。

会做饭的孩子走到哪里都能活下去

几年前,在 Kindle 上给我儿子下载电子书的时候,无意间看到《会做饭的孩子走到哪里都能活下去》这本书的简介,本以为这是本简简单单教孩子做饭的烹饪书籍,对它的兴趣不是太大。点开样章读了几页,一下被击中,是那种想要流泪的感动。

这本书是丈夫安武信吾、妻子安武千惠和女儿安武花一起完成的爱心之书。年轻貌美的准新娘、音乐教师千惠不幸罹患乳腺癌,在与病魔抗争的过程中,千惠逐渐脱胎换骨。病魔还是阻挡不了千惠像她最喜爱的向日葵那样阳光、积极地生长。时间对她来说,每分每秒都是疼痛的。但是,凭着她对丈夫和冒着生命危险拼尽全力生下来的女儿小花的炽热的爱,好好活着的信念还是支撑着她。她在心里发誓,要认真过每一天,好好活下去,这才是最好的选择。

千惠不再懊恼过去,也不惧怕将来,开始坦然面对甚至是尽情享受当下的人生。看到小花那天真无邪的笑脸,千惠的爱都快溢出来了。她想让小花明白,心灵的富足比充沛的物质更重要。自身迎来的一场灾难,让千惠更坚强、更理智、更通透,她希望把质疑过度消费的行为作为一颗小嫩芽种进女儿小花的心里。在她看来,便利店食品是方便快捷,但这不是最健康最富有生命力的食物。

正因如此,千惠着手教四岁的小花洗菜、切菜、煮味噌汤。千惠最希望的是女儿以后不会面临和自己同样的灾难。一个人身体健康,才拥有活下去的能力。而健康饮食某种程度上就是很好的土壤。

小花四岁生日那天,千惠送给女儿的礼物是一条围裙。她希望就算自己有一天离开了这个世界,小花也能给自己做营养的饭菜,这样她才会安心。

小花给妈妈写过太多太多的信,好好做饭,好好弹琴,好好照顾自己、照顾爸爸,她都做到了,千惠真的可以放心了。

安武花在写给妈妈的信里承诺:"小花不会说别人的坏话,也不会忘记微笑。因为这些都是妈妈教我的事情。无论遇到多困难、多讨厌或者是多麻烦的事情,总会有解决办法。就像妈妈常说的'换个想法',小花再也不会哭了,小花会更努力的。"

这个五岁起就跟着妈妈吃纳豆和糙米饭的孩子,真的长成了妈妈希望的那种美好的健康的样子,长成了更好的自己。

千惠一家三口的故事,真的非常打动我。身边很多女孩子,总爱炫耀自己不会做饭,在她们看来,十指不沾阳春水是一种天生的优越感。有人会说自己是独生子女,父母含在嘴里怕化了捧在手里怕摔了,怎么舍得让自己的心肝宝贝冒着风险去切菜?还有人会说,自己从小到大的学习生涯都是住校,哪有机会进厨房?这话真的没有你想象的那么有说服力。

我从初中开始就住校,一周回一次家,回去的第一要务就是大吃大喝。当然,家里有妈妈、奶奶做饭,根本轮不到我。本以为这辈子也不会进厨房的,可是自从有了孩子之后,我就知道了健康食物的重要性。我虽然不会掂锅、不会摆盘,但这不妨碍我做出一顿美味且有营养的饭菜。

真不是站在人间呼唤爱,我是越来越觉得,就算我的孩子钢琴弹得再好,书看得再多,他饿了总不能啃钢琴吧?这辈子看的书,也达不了汗牛充栋的程度,可是,就算家里成了图书馆,饿得两眼冒金星的时候,这些书也帮不了你。

那么,就有人傲娇地说,大不了天天上饭店,或者点外卖啊!别吹了,就算你有这个经济实力,一周的饭店混下来,俩礼拜的外卖吃下来,你的味觉不再是最本真的味觉,你已经咂摸不出带有烟火气的生活真味了。去学做饭吧!会做饭的孩子走到哪里都能活下去。

写作练习

认真读一本书或是一篇文章后,大家心中一定萌生了不少心得,静下心来写一篇读后感吧!

第二十七讲 | 写童话并不是"小儿科"

一、好童话可以从三岁读到九十岁

世界媒体文化研究者、批评家尼尔·波兹曼著有《童年的消逝》一书,这本书非常有名,论述了现代媒体对童年造成的消解作用。然而这并不是我们今天要讨论的重点,在这本书里,尼尔·波兹曼认为童年是一种被人为创造出来的概念。在《童年的消逝》里,波兹曼运用他对心理学、历史学、语义学和麦克卢汉学说的深刻见解以及常识,非常有说服力地阐述了一个触目惊心且颇具独创性的论题,即童年的诞生,是因为新的印刷媒介在儿童和成人之间强加了一些分界线,的确如尼尔·波兹曼的论断那样,在现代社会之前,儿童并不被认为是一种独特的人类,而被认为是一种"半人(halfman)",即一半的成人。

我们可以看到,古代人并没有所谓未成年人和成年人的划分,儿童和成人一样承担责任。所以才会有指腹为婚、童养媳、少年天子等我们现在无法理解的现象。然而印刷术的出现,确实改变了这一现象。人本来是信息的动物,而成人和儿童之间,因为信息接收的差异,分化出了许多不同。儿童因而被视作一种特殊的群体,需要成长和教育,童年也就此产生。

回到童话这个话题上来。如果将童年视作现代社会的一种发明,那么《安徒生童话》和《格林童话》就是这种发明的印证。

19世纪正是人类工业化的开始。虽然《安徒生童话》和《格林童话》都是在19世纪创作和出版的,但是《格林童话》反映的是旧时代的童年观念,而安徒生却推动了新的童年观念的产生。

举个例子,以公主为主角,安徒生写了著名的《海的女儿》,而《格林童话》中则有经典的《白雪公主》。在《海的女儿》中,我们看不到坏人的存在。即使是看似邪恶的巫婆,也并没有主动做过任何坏事。小人鱼公主向她请求行走的能力,而巫婆要求小人鱼付出不能说话的代价,这更像一场交易或者是一份契约。而后姐姐们为了救小人鱼公主时建议杀掉王子,也不是出于邪恶的目的。甚至我们也很难说王子是个负心汉,因为他自始至终都是不明真相的那个人。在这篇童话故事里,没有人是邪恶的,主人公都抱有美好的感情。仅仅因为现实的不可抗力才使得美好的感情和美好的人物最终都烟消云散了。

《海的女儿》是一部纯粹的悲剧。希腊人说,悲剧是最好的教育,有助于让人们在精神上变得高尚。但是,在传统的悲剧中,总要有一个坏人从中作梗,出现一些血腥的可怕的画面。可安徒生弱化了这一部分,他用大量笔墨去描写浪漫风光。小美人鱼最后化作气泡消失,这场景似乎不是牺牲,而是一种升华。它之所以被称为童话,就在于安徒生用柔美浪漫的语言和谨慎的场景处理,对整个故事本身进行了"净化",使得它更适合儿童阅读。

而在《白雪公主》这部作品里,王后是个大恶人,她操控一切,一连串坏事的发生,她都是幕后黑手。坏王后这么做的原因也简单明了,她就是嫉妒。七个小矮人为什么会收留白雪公主?因为她漂亮。白雪公主为什么会中毒?因为她贪吃。所有人物的感情和动机清楚明白。作品尽管有格林兄弟的润色处理,我们依然能看到原作者对强刺激场景的热爱。我们真的应该感谢格林兄弟,如果没有他们的努力,我们看到的这些童话可能会更简单粗暴一些。因为格林童话的创作者们并没有安徒生那样的儿童概念。安徒生在写童话的时候就知道,这些故事是要讲给儿童听的。我们在看《安徒生童话》的时候,常常能感觉到温暖和美好,也会获得一些启迪;而《格林童话》带给我们的则是趣味、刺激和超凡的想象力。《安徒生童话》教会我们善良美好,而格林童话讲述人性本身。

由此可见,写童话并不是"小儿科"的事情,童话也是值得深入研究的写作领域。

二、童话写作的魔法杖

想象力给童话插上翅膀,可以说没有想象和幻想就没有童话。在创作童话的过程中,拟人化的象征手法很常见,因为拟人可以给动植物或没有生命的东西赋予人的生命、言行和感情。我们也可以把这一写作创意理解成变形。下面简单讲一讲童话写作的入门方法。

1. 变形让角色快速定型

童话是虚构写作,而虚构不是胡编乱造,虚构也要符合事理逻辑和情感逻辑。比如,美国作家怀特的童话《夏洛的网》是一部描写关于友情的童话,里面的主人公是一只猪和一只蜘蛛,这两个角色虽然外形没有变样,但是作者赋予了它们人类的情感,那就是需要友谊,这就是一种变形。

变形是虚构入门最好用的办法,变形可以让角色快速定型。意大利作家科洛迪的童话小说《木偶奇遇记》里的主人公是个小木偶,一位天使让木偶匹诺曹拥有了生命,于是小木偶开始了他的冒险。如果他要成为真正的男孩,他必须通过勇气、忠心以及诚实的考验。这其实是一个隐喻,写的是一个男孩的成长故事。小木偶变成小男孩,这就是变形。

童话里变形的方法最常见的就是遇到天使、小精灵之后被施魔法而变形,一般由物变成人。瑞典女作家拉格洛夫的童话《骑鹅旅行记》的主人公尼尔斯就被小精灵变成了拇指大的小不点儿,一只家鹅带着小尼尔斯开始了冒险之旅。

当然,既然物能变成人,那就可以夸大或缩小,这都是夸张的手法。夸大,变成巨人,而缩小就变成拇指大的小不点儿。

2. 给自己一面神奇的魔镜

在西方童话中,常常出现一面神奇无比的魔镜。最"大牌"的魔镜一定是白雪公主的后妈坏王后手上的那面魔镜。既然是有魔法的镜子,当然不是用来化妆的,也就是说,童话世界里的魔镜并不具有使用功能,而是具有超强的叙事功能。魔镜在童话里是重要的道具,在童话结构中担负着故事起因、发展和结束的重要使命。

思考一下假如你有一面魔镜,会有什么神奇的故事发生呢?

3. 超能力超好用

童话世界里我们可以把不是人的东西变成人,把平凡的世界改造成魔法世界,有了这个想象的神奇世界,故事就会自己"长"出来。从神话传说、寓言故事、民间故事,甚至是认识的人身上都能借来想象力。

孙悟空有超凡的本领,他会七十二变,一个筋斗十万八千里，这就是人物拥有了超能力后带来的神奇结果。但写作的时候，也要注意细节，也就是说变化中一定要有不变的东西。变山变鸟变铁棒，甚至是变如来变观音都没问题，但有一样东西是悟空绝对不敢变的，那就是经书。因为取经的主体是唐僧，并不是孙悟空，经书是一定要唐僧亲自去取的。如果孙悟空凭借自己的特殊本领变出经书来，就把整个取经团队西行的意义给瓦解了。

除了像孙悟空、猪八戒一样拥有超能力，还可以在故事里出现一个宝物，宝物这个特殊的道具要符合人物身份，符合角色的特性。孙悟空的宝物是金箍棒，这个武器可以变大、变小，和灵活的人性和猴性结合的孙悟空的形象是很契合的。不能让悟空去用猪八戒的九齿钉耙，那样就不太协调了。

隐身也可以变成一种超能力，记得动画片《猫和老鼠》里，有一次杰瑞鼠就找到了一瓶消失的雪花膏，可以隐身。它给自己全身涂抹了这种神奇的雪花膏就隐身了，之后杰瑞鼠去捉弄汤姆猫，这个死对头被杰瑞整得很惨，却看不见它。

三、现实是童话故事的内核

童话故事的内核就是现实。在童话的虚拟世界里，灰姑娘会拥有水晶鞋，也会有南瓜马车，可现实生活里，她却活在继母和两个姐姐的淫威之下。也就是说，我们每个人都有做梦的权利，童话世界可以"实现"现实生活中的幻想，童话世界是我们的世外桃源和精神乌托邦。

童话必须要有一个合理的故事，《海的女儿》里描述的那个让人深信不疑的世界，让孩子相信有人鱼的存在。

在海的远处,水是那么蓝,像最美丽的矢车菊花瓣,同时又是那么清,像最明亮的玻璃。然而它是很深很深,深得任何锚链都达不到底。要想从海底一直达到水面,必须有许多许多教堂尖塔一个接着一个地连起来才成。海底的人就住在这下面。

一开始,交代故事背景,或者说是童话人物生活的环境。接下来,主角就出场了。

写童话,要追求的是虚构的真实。虚构的真实依然是一种真实,童话是虚构的故事,而那些生活的细节、生命的细节却是真实的。就像彼得兔,它是一只直立行走、穿蓝色外套的、有点叛逆的、爱冒险的兔子,可是它依然爱吃胡萝卜,依然爱钻兔子洞。换句话说,细节的真实胜过一切创意。

四、童话王国的角色扮演之旅

童话里的角色形象也要独特、鲜明、典型。彼得兔和表哥本杰明的性格就截然不同,彼得兔颠覆了兔子乖巧、软萌的形象,它是个小捣蛋鬼,天生机灵敏捷,有时候又是讲义气、很暖心的可靠小伙伴。而兔表哥本杰明心宽体胖、沉着稳重、老实本分。

塑造童话里的角色,也要花一番功夫。下面几个好用的写作秘诀,可以助力你一臂之力。

1. 给主角设计与之匹配的宠物

塑造人物形象一个最快捷有效的方法,就是借助主人养的宠物来表现其个性特征。他可以养松鼠、养蜥蜴、养鹦鹉、养老虎,还可以像大侠杨过一样养神雕。总之,无论养什么,出现宠物的目的,都是为了借宠物来反映人物性格。

2. 给角色设计一个有来头的道具

这个道具可以是一种武器,也可以是一件衣服或一个永不离手的宝物。铁扇公主有芭蕉扇,亚瑟王有石中剑,圣诞老人骑驯鹿,小兔彼得永远穿着蓝色外套。手中的武器很重要,但有时候角色的特殊装扮也很重要。因为这些道具、衣物会让人产生联想。

比如:"她披着一条上乘的银狐皮披肩。"只看到这一句话,你就会想到这个人奢靡的形象。因为银狐(玄狐)皮是高级裘皮,在我国古代即有"一品玄狐,二品貂,三品穿狐貉"的说法。

总之,一切道具都要有来头,要有它存在的意义,要着重去反映出人物个性。

3. 给角色设计一些习惯性动作

彼得兔就善用各种花式动作,如跳跃、滑行、自由旋转等特技。《冰河世纪》里的那只松鼠斯克莱特永远紧紧抱着它的那颗宝贝橡果却从不打开,因为那是它生命中最重要的东西。蜘蛛夏洛一直在忙着织网,而且还会织出救小猪威尔伯性命的英文单词。

也就是说,角色的这些习惯动作对推动情节发展起到了至关重要的作用。

写作练习

1. 如果你是校园里的一只猫,你会怎么看待身边来来往往的同学?你会跟他们说些什么?

2. 如果你家的宠物忽然会说话了,它会跟你家哪位成员说话?说些什么?接下来会发生怎样的故事?

第二十八讲 | 故事是道理的糖衣

好故事往往比道理更有生命力,作家韩寒说过:"我们听过无数的道理,却仍然过不好这一生。"道理往往是说教的,是高高在上的,是不容置疑的。并不是说道理没用,而是直接去灌输道理,人们往往有逆反心理,不愿意接受。就跟"良药苦口利于病"是一回事,好的道理是良药,既然无法下咽,那就可以通过故事来传递道理。讲好故事,让故事内容更具力量,让故事传达出的道理更深入人心。给道理包上一层故事的糖衣,效果就明显不一样了。

经常听到有人说:"你这是吃不到葡萄说葡萄酸。"有些人看到别人有某样东西自己却没有,心理就很不舒服、失魂落魄。为了弥补自己的这种心理落差,就认为这个东西是不好的,这就是"吃不到葡萄说葡萄酸"的心理,也就是酸葡萄心理,与之对应的是甜柠檬心理。大家不妨读一读《伊索寓言》里《狐狸和葡萄》的故事。

狐狸和葡萄

饥饿的狐狸看见葡萄架上挂着一串串晶莹剔透的葡萄,馋得口水直流,想要摘下来吃,但够了半天却够不到。盯着高高的葡萄看了好一会儿,无可奈何地走了,他边走边安慰自己说:"这葡萄没有熟,肯定是酸的。"

从这则小故事里摘出来一句话——吃不到葡萄说葡萄酸,一下子就能让人明白其中的意思,这就是故事的厉害之处。

一、故事比道理更有生命力

好故事是有思想,而且饱含感情色彩和感官细节的。好故事能对人的观念产生影响,并触动灵魂的最深处,因此讲一个好故事比讲枯燥的道理更容易让人接受。

民间有一则著名的寓言——《空心树》的故事。

空 心 树

吴秋林

河岸上长着两棵柳树,老柳树谦逊地低着头,伸展自己的枝叶。可是年轻的柳树却认为自己长得又匀称,又好看,老是仰着脸,想尽量把自己的枝子、杈子侍弄得比老柳树漂亮一些。

有一天,年轻的柳树以炫耀的口气对老柳树说:"你怎么老是低着头趴着?你看我无论早晚都是扬眉吐气的!那些房子呀,人呀,我都不放在眼里,他们全在我这漂亮的脚下呐!他们哪一个不咂着舌头称赞我长得又高又大又漂亮?"它摆出一副瞧不起老柳树的样子。

老柳树友爱地对年轻柳树说:"我不如你长得又高又大又漂亮,可你要当心太高大了树心会变空的啊!"

年轻的柳树不理睬老柳树的忠告,仍旧得意洋洋地欣赏自己的美貌。

日子一天天过去。因为年轻的柳树老是把吸收到的养分用在修饰外表上,树心就变空了。不久这两棵树的主人把它们砍倒,主人看见年轻的柳树树心是空的,痛心地说:"唉,本来我是打算用你做大梁的,但现在除了把你当柴烧掉,再也没有别的用处了。"他又看看老柳树,说:"看来,你倒是一根顶用的料!"

读了这则故事,谈谈你的看法。(我们不能做空心树,徒有其表,不能腹中空空,而读书就可以让自己丰盈起来)

在这则故事里,老柳树和年轻柳树都做了变形,成了有思想、能说话,有各自神态的形象。由此可见,拟人手法的运用可以让物"活"起来,而这个故事里隐藏着两层对比。一是两棵柳树性格的对比,一个高调,自以为是,目空一切,徒有其表;另一个一步一个脚印地成长,坚实地度过每一天,在生命之路上,不断充实自己。二是最终它们命运的对比,年轻的柳树结局比较悲戚,只能当柴火烧掉,化为灰烬;而老柳树却能做大梁,拥有生命的价值和生命的厚度。

这是一个有教育意义的故事,这一类故事我们读得相对多一些。美国作家安妮特·西蒙斯著有《故事思维》一书,她开创性地提出商界沟通中常用的六种类型的故事,并详细阐释了在什么情况下,如何讲述这些故事。虽然这本书看似是写给生意人读的书,其实也包含了我们写故事的六个方向或者说六种主题,在这里可以稍作了解:

△ "我是谁"的故事——如何建立信任;

△ "为什么我会在这里"的故事——进一步增加信任感;

△ "愿景"的故事——产生共鸣;

△ "教学"的故事——教育意义;

△"行动价值"的故事——影响价值观；

　　△"我知道你们在想什么"的故事——回应质疑。

　　关于"我是谁"的故事，其实是我们经常写的一个全命题，比如，让你做自我介绍，给自己写一份简历，这都是在讲"我是谁"的故事。要想让大家知道你是谁，就是要通过一个故事向读者展示你面对冲突时的态度和坚持，找到你的价值观和内在动力，围绕这些核心去讲述你的故事，就能打动读者。

　　接下来的几种主题就不一一赘述了，大家可以展开讨论，从而找到写故事的更好的路径。

二、故事"种子"从何而来

　　创作出一个好故事或者说把一个故事讲精彩，并不是一件容易的事，我们得具备选好故事的能力，知道在什么样的情况下选择什么样的故事，还需要通过写故事的技巧，把故事生动创作出来。

　　讲好一个故事，其实就是叙事写作，除了故事本身外（这是必不可少的原材料），还需要相关的写作方法来支撑你去完成这个创作任务。

　　1. 结构要完整

　　水上行舟，我们希望风平浪静，可创作一个故事却需要有一些波涛汹涌的情节存在，它起推波助澜的作用。故事缘何而起？经过了怎样的波澜起伏？结果怎么样了？这些重要环节，希望你动笔之前就要考虑周全。

2. 你讲的故事别人要愿意听

我们上台发言也好,演讲也好,并不是呆板地站在那里,刻板地做一个输出声音的设备。我们会微笑,声音会有抑扬顿挫之感,我们会在恰当的演讲内容上配合手势等等。也就是说,在讲故事的时候,讲故事的人的身体语言本身也在传递一些重要信息。比如,你说"我们一起加油!"这句话的时候,你可能会抬起手腕,做一个加油的动作。

创作故事,故事里的人物要力求鲜活,最简单的办法就是要有表情的变化,有细节动作。我们可以通过一个故事来弄明白这一点,接下来一起阅读一则民间寓言故事。

锦鸡、兔子、猴子和大象吃果图

锦鸡、兔子、猴子和大象吃果图

在很古很古的时候,有一只锦鸡、一只兔、一只猴和一只大象,它们结拜为把兄弟。

锦鸡因为能飞,有一次飞上了三十三重天,衔来了一颗种子。锦鸡对朋友们说:"这种子可不一般,长出来的果树能万年生长,四季结果。"

它们当中,数兔子最有心机,它知道这种子的贵重,就首先动手把种子种在地里。猴子也很精明,知道了这树会结果,就天天替它上粪。大象见他们这么努力,也想吃果子,就天天用长鼻子从河里汲水来浇灌。

大家悉心照料,果树一天天长高,很快就结果了。

锦鸡从树尖飞过,看见果子成熟了,心想:"是我带来的种子结果了,我的功劳真不小呵!现在该我享受了。"于是它天天飞上树,在树上啄着果子吃。

猴子是会上树的,他想吃就爬上树,不想吃时就爬下来。

大象虽然不会爬树,但他个子大,就用长鼻子卷着树枝吃果子。

这中间最吃亏的是兔子。它不会爬树,只有在树下扑打纵跳,闻着香气扑鼻的果子,只有翘尾巴舐嘴唇的份儿。

果树还在长,长得比以前更高了,连有长鼻子的大象也吃不到果子了。于是,四个好朋友开始争吵起来。

大象对锦鸡和猴子嚷道:"这太不公平了,树长高了,只有你们两个吃得到,要知道我用鼻子汲来水浇过它呀!"

兔子更不满,愤愤地说:"是的,真是太不公平了,自长出果子以来,我一个果子也没吃到,只吃了几片落下来的树叶。"

但是锦鸡和猴子只顾自己吃,不理它们。大象和兔子没办法,就去找了一个聪明人来替他们评理。聪明人听了,说:"你们四个不要争了。天底下原来没有这种果树,你们先告诉我,这果树是从哪里来的?是怎样生长的?说清楚了,我就可以替你们想出解决的法子了。"

于是,它们都各自说了自己种树的经历……

聪明人说:"照这样看来,你们都对这树出过力,每个人都该吃到这果子。"

它们觉得这话很有道理,于是就一起商量起来,终于商量出一个办法,规定大家吃果子时要一道吃,让象站下边,象背上站猴子,猴背上站兔子,兔背上站锦鸡,然后由锦鸡摘下果子交给兔,兔交给猴,猴交给象,果子摘好了,大家一齐吃。吃了果子,吃叶子也是一样。

自从想出这个吃果子的办法后,它们就不再争吵了,而且树长得更好了,果子也结得更多了。

——这就是时常被描绘在藏族地区墙壁上的那幅五色彩画,这画名叫《锦鸡、兔子、猴子和大象吃果图》,它教人知道团结和尊重他人劳动的意义。

从《锦鸡、兔子、猴子和大象吃果图》这个精彩的寓言故事中可以得知,要想写出打动人心的故事,细节和想象不可或缺。

3. 细节和想象不可或缺

都说细节决定成败。《锦鸡、兔子、猴子和大象吃果图》这则寓言中细节处理就很成功,尤其是写动物们商量之后所采取的办法,细细道来,让读者觉得这个办法是深思熟虑的结果,是非常可行的。当然,细节描写的作用可不止如此,细节需要捕捉,细节也是巧妙构思的结果。

寓言故事离不开想象,这里出现的一颗神奇的种子,种下后长出神秘的果子,以及这四个动物朋友,都是想象的结晶。当然,大家读的神话故事、童话故事、看的科幻影片,都离不开想象。

处理好细节和想象,是讲好一个故事必需的技巧,技巧是可以通过练习获得的。但讲故事还要有真挚的情感。故事中的细节也不能与生活脱节。

好故事不是凭空而来的,灵感也不是空降的,需要日积月累。

三、怎样生长出新故事

续写就是从原文出发,遵循原文的创作思路,对原来的故事文本作创意延伸。

1. 续写的前期准备工作

△ 找到你最喜欢的故事,理清故事情节。
△ 精准把握故事里的人物性格。
△ 要透彻理解原文旨意。

续写不是胡编乱造,常见的续写多以记事为主,续写时要做到中心事件在其不变的基础上再自然延伸,叙述人称也不能凌乱,依照原文的叙事角度,围绕中心事件来展开新的情节。续写故事有助于培养写作者的想象力和思维能力。

续写故事就相当于电影出了续集,很多叫好又卖座的电影都拍过续集。比如《一条狗的使命》,这部治愈系的电影就是根据布鲁斯·卡梅伦的同名小说改编的。影片讲述了一条叫贝利的流浪狗经历多次重生,在一次次生命的轮回中寻找不同的使命,最后终于回到最初的主人身边的故事。

《一条狗的使命1》以狗狗贝利的视角,记录它与主人的点点滴滴。贝利被主人伊森的父亲收留下来,从此成了陪伴伊森的"朋友",从儿时的形影不离到伊森成年后的忠实守护,伊森对萌宠贝利的饮食喜好和日常习惯都了如指掌,它喜欢麦富迪的培根片、干瘪的橄榄球玩具。这十年里,贝利已经成为伊森生活里无可替代的朋友。

后来贝利在《一条狗的使命2》里,历经四生四世的多次重生之后,在一次次生命中完成了它不同的使命。即便如此,贝利却从未忘记寻找最初的主人。第一世中陪主人长大又帮他追到女朋友直到有一天自己的生命结束;第二世化身为一只强健的警犬,最后为救主人而牺牲;第三世又变成了一只小柯基……最后经过多次轮回,贝利又一次回到伊森身边,当初的那个俊朗少年已经变成了一位鬓角斑白的老爷爷了,可贝利凭借伊森独有的气味、熟悉的麦富迪培根味道,还有那颗存放了几十年的橄榄球,它还是认出了伊森,伊森也认出了这个狗狗就是当初的贝利,贝利重回伊森身边,并从火场中救回伊森。他们彼此陪伴,度过了一个安逸的晚年。

续写有两个方法:一是直接根据原有故事的结局来设计新故事的开头,也就是顺向续写法;二是给原来的那个故事写前传,从开头再重新"长"出新故事来。

2. 顺向续写法

《红楼梦》续写,就是沿着原来的故事文本接着往下讲故事。这就像别人织毛衣,这件毛衣已经织好了,但是你拿起这件毛衣,产生了新的想法,在原有成品的基础上,重新设计新的款式并重新编织下去。也许原来是个短款毛衣,你把它织成了中长款。但是,在这个再创造的过程中,你得尊重原来的那个作品,它是什么款式、什么针法,它是什么色彩、什么质地,你都要充分考虑到这些因素。你的创新必须要和之前的作品有紧密的关联,这些因素考虑不周到,有可能就破坏了原来的那件作品,这样的话,就说明你不是"再创造",而是在搞破坏。

在《通往寻找鲜花的路》这个故事的基础上,继续创作属于你的故事。

> 一只蚊子问苍蝇:"这附近有鲜花吗?"
>
> "鲜花我可没看到。"那只苍蝇没好气地回答,"不过污水沟里到处都有罐头瓶子、粪便和垃圾。"随后,苍蝇给蚊子如数家珍地细数了附近它经常光顾的垃圾堆和污水沟。蚊子按照苍蝇所指的方向往前飞,路遇了一只蜜蜂,蚊子问:"蜜蜂先生,你看见这附近有垃圾堆和污水沟了吗?""垃圾堆?污水沟?没有,我从来没看见过。"蜜蜂很是惊讶,"不过这附近到处都是清香扑鼻的鲜花。"
>
> 紧接着,蜜蜂又热情地给蚊子介绍了哪块草地上有百合花,哪儿的风信子正迎风绽放。

相信大家读了这则小故事之后,都有自己的感悟,那就是选择朋友很重要,好的朋友会带你走向更大的成功,看到更多美丽的风景。如果续写《通往寻找鲜花的路》,故事底本已经有了,你可以把这个小故事看成是一个关于友情的故事,把这一场续写当成一个想象力游戏。原故事里的文学角色是现成的——蚊子、苍蝇、蜜蜂,但它们的目标不一样,在路上看到的风景自然就不同。蚊子眼里看到的是罐头瓶子、粪便和垃圾,它的世界臭气熏天,它肯定愿意和苍蝇做朋友,因为它们臭味相投嘛!可蚊子的运气就好很多,在前行的路上,它结识了蜜蜂,蜜蜂这个新朋友给它带来了别样的风景——百合花、风信子的世界是美好的,是芬芳的。

构思故事的立足点要定下来。这是一个关于友情的故事,由此看来,选择朋友很重要,好的朋友或者说志同道合的朋友,会带你走向美好的未来,你们彼此分享自己的喜悦,分享前行路上的美景。而有些朋友,只能让你看到这个世界灰暗的一面,这些朋友的世界可能充满了抱怨,整天怨天尤人,以悲观的心态去看世界,世界就失去了很多色彩。

找到这个写作角度,便可以加入你的新构想、新元素,接着去创作这个故事。

想一想蚊子最初的目标是寻找鲜花,得到苍蝇的指引之后,它的目标为什么会改变呢?蚊子与蜜蜂之间又会有什么故事发生?它们会成为真正的好朋友吗?蚊子会放弃寻找垃圾堆和污水沟吗?它还记得它自己最初的梦想吗?

弄明白了这几个问题,你的写作思路就清晰了,故事底本也就成形了。但是在写作的过程中,要注意主人公的变化与成长,有变化、有成长,故事才有意义。当然,细节描写很重要,如何做到细节真实,这是要着重考虑的问题。

3. 逆向续写法

刚才讲的《通往寻找鲜花的路》的续写思路就是顺向续写法,相当于从故事的尾巴上"长"出一个新的开头,你接着写下去。而逆向续写法,就是拿原故事的开头做文章。从开头往前推,把开头变成你的新故事的结果,去推导之前发生的故事,当然,这一切都要合情、合理、合乎逻辑,就等于给这个故事写个前传,很多故事都隐藏着"前传剧情"。

读安徒生著名童话《五粒豌豆》,续写前面发生的故事,要求是通过逆向续写法给这个故事写前传。

五粒豌豆

[丹麦]安徒生

在一片麦田的边上长着一个豆荚,里面有五粒豌豆。后来,它们慢慢成熟了。这几粒豌豆变黄了,豆荚也变黄了。

有一天,一个小男孩经过这里,把这个豆荚摘了下来。他取出里面的五粒豌豆,高兴地说:"这些豆子正好可以当我的子弹。"小男孩把一粒豌豆装进他的豆枪里,把它射了出去。那粒豌豆高兴地喊道:"现在,我要飞向广阔的世界里去了!"于是它就飞走了。小男孩又装进第二粒豌豆,把它发射出去。第二粒豌豆大喊:"我的理想就是飞进太阳里去!"于是他就飞走了。接下来,另外两粒豌豆也被射出去了。"让我随遇而安吧!"最后的那一粒说。他也被射到空中去了。

最后的那粒小豌豆落到顶楼窗子下的一块旧板子上,那儿正好有一个长满青苔的裂缝,它一钻进去就不见了。

在这个小小的顶楼里,住着一个穷苦的妇人。她每天到外面去擦炉子、锯木材,靠做这些苦力活换点钱补贴家用,可是家里仍然很穷。妇人有一个生病的女儿,躺在这顶楼上的家里。小女孩儿的身体非常虚弱,已经在床上躺了一年了,看起来非常可怜。

春天来了。一大早,当母亲正要出去工作的时候,太阳温和地、愉快地从那个小窗子射进来。

可怜的小女孩儿望着最低的那块窗玻璃。"从窗玻璃旁边探出头来的那个绿东西是什么呢?它迎风摆动呢!"妇人走到窗子那儿去,把窗户打开一看。"啊!我的天,是一粒小豌豆。它还长出小叶子来了。宝贝,你现在拥有了一个小花园,小豌豆苗一定会开出美丽的花儿来陪伴你的。"

晚上,小女孩儿对妈妈说:"妈妈,我今天感觉好多了,这粒豆子长得好极了,我也会好的,是吗?""当然,我的女儿也会像这粒豌豆一样健康地长大的。"妇人背过身去,悄悄拭去眼角的泪水,怕女孩儿看见。

第二天,妇人从窗台上小心翼翼牵了一根线到窗框的上端去,她想让这棵豌豆苗缠绕着这根线向上生长,越长越大……

"豌豆要开花了!我幸福的孩子,你看它长得枝叶茂盛,它就是我们的希望和快乐!"有一天早晨,妇人欣喜地对小女孩说着这些话。这天,小女孩第一次能够坐一个钟头,她快乐地坐在温暖的阳光里。窗子打开了,她面前是一朵盛开的、粉红色的豌豆花。小姑娘低下头来,在它柔嫩的叶片上轻轻地吻了一下。这一天简直像一个节日,这一粒豌豆觉得自己是幸福的,因为它给一个小女孩带来了快乐和希望。

给《五粒豌豆》写前传,也就是说,这个经典童话的开头就成了你的新故事的结局。"在一片麦田的边上长着一个豆荚,里面有五粒豌豆。后来,它们慢慢成熟了。这几粒豌豆变黄了,豆荚也变黄了。"这是你的故事的结尾,那么怎么样往前倒推,去续写前传故事呢?原故事中,第五颗小豌豆是绝对的主角,你写的时候,也要遵循这一点。

你要着重思考以下几个问题:

△ 原故事中戏份最多的第五粒小豌豆,它在顶楼窗户下的缝隙里扎根了,开出了美丽的花儿,这个原因会导致出一个结果,那就是它有可能长出豆荚来。

△ 房顶上长出的豆荚,怎样才能和麦田联系起来呢?别着急,找那个现成的人物角色小男孩来帮忙。

△ 这个故事也许是田野里豌豆荚里的那颗小豌豆在回忆自己的一生。

△ 小豌豆和小女孩之间又有怎样的感人故事?

写作练习

选择一篇你喜欢的童话故事,然后发挥你的想象,去构思你的新故事吧!

第二十九讲 | 人人都会写影评

看经典电影对我们的写作也非常有益。不是说我们看几部电影就学会写作了，而是可以通过一些优秀的电影去体会写作的重要原理，这样就能在观影的愉悦中拥有双重的收获，对一些相对枯燥的写作原理，也会有更具象的理解。现在的孩子基本都爱刷剧、看短视频，很多人沉浸其中乐此不疲。可是，我去学校里做阅读讲座的时候，问学生爱不爱写作，每次面对这样的提问，几乎没有人举手，很多人惧怕写作，觉得写作文太难了。

其实，写作的学习可以是多方位的，电影中也有一些重要的写作理念和方法，看电影就相当于从另外一个角度去体会和理解写作。但这一讲要讲的是如何去写影评，对中小学生来说，也许把影评换成"观后感"会更恰当。因为写影评的难度系数是很高的，要求写作者要了解影视方面的基本理论，有一定的专业性。把电影故事叙述一遍可不叫影评。要想写好影评，得去了解镜头语言、剪辑、对白、场景、道具、摄像、音乐、色彩、灯光等知识，这对中小学生来说是有难度的。

当然，我们不是要做影评家，看完一部经典电影，写写观后感却是人人都可以做到的。写观后感是一件简单的事情，和写读后感有很多共通的地方，也就是说熟悉影视作品是最基本的要求，因此观影时做好笔记是很有必要的，我写影评之前就要做这一项重要的准备工作，之后就可以从观影笔记中找到一个确切的主题来展开。说白了,你要写的是你对这部电影作品的理解。

下面就讲一讲写观后感的技巧,正如南朝文学理论家刘勰所言:"操千曲而后晓声,观千剑而后识器。"想要把观后感写好,就得多看经典影评,掌握基本的写作方法,试着多去写一写,才会有所提高。

一、列出准备工作清单

"巧妇难为无米之炊。"同理,写观后感之前必须得做好准备工作,比如写观影笔记、收集资料。而且我们写观后感一般都是先看后写,我相信没有人会趴在电影院的椅子上边看电影边写观后感吧?很多时候我们回忆起自己感兴趣的,对自己有所触动的影片,就有写一篇观后感的冲动,因为你想把这部好影片分享给别人。那么,了解这部片子的故事大纲、导演、演员阵容,是不是根据文学作品改编而来以及获奖情况,甚至包括影片的类型(动作片、冒险片、文艺片、武侠片、喜剧片、恐怖片)等,都属于写观影笔记、收集资料阶段要做的事,做好这些准备,才会更方便你了解该片并做好总结。

譬如我要写一部老电影《幸福终点站》的影评,就要做很多写作前的准备。之所以说它是一部老影片,是因为这部影片是美国梦工厂2004年出品的电影,由斯蒂芬·斯皮尔伯格执导,主要演员有汤姆·汉克斯、凯瑟琳·泽塔-琼斯等,而剧本是根据真实事件改编的。接下来我得弄清楚影片在讲述一个怎样的故事,为了写影评,这部电影我看了三遍,因为我要关注那些我感兴趣的、打动我的细节。在这里,我也把自己写的影评发布出来供大家参考。

电影《幸福终点站》：生活就是一场漫长的等待

五月的一个阴雨天里，重温了老影片《幸福终点站》，相信很多朋友都看过这部由大名鼎鼎的导演斯蒂芬·斯皮尔伯格执导的影片。演员阵容很强大，有汤姆·汉克斯、凯瑟琳·泽塔-琼斯、斯坦利·图奇等，而且这个剧本还是根据真实故事改编的。

电影的故事情节很简单，一个长句就能概括：20世纪80年代末，一个叫维克多·纳沃斯基的东欧人搭乘飞机飞往美国的途中，他的家乡发生政变，文官政府被推翻，这就导致纳沃斯基所持证件不被美国入境局承认。飞机抵达肯尼迪机场后，倒霉蛋纳沃斯基被拒绝入境却又不能回国，机场成了他的围城，这一场漫长的滞留持续了九个多月。

纳沃斯基的美国之行是有目的的，他也有着属于他的"美国梦"，不过这个梦是为了完成他父亲的遗愿。纳沃斯基的父亲是个爵士迷，这辈子最大的愿望就是集齐挚爱的57个爵士乐成员的亲笔签名。世事无常，就在老父亲只差一个人的签名就要实现自己的追星梦的时候，老人却去世了。纳沃斯基许下诺言，要去纽约寻找那个萨克斯手，替父亲圆梦，这才搭上了飞抵美国的航班。

可接下来的机场滞留，残酷地击碎了纳沃斯基的梦。他英语磕磕巴巴，失去了身份，航站楼成了他的囚笼，他成了没有自由的流浪者。航站楼里的人来来往往，行色匆匆，纳沃斯基和穿梭在身边的每一个旅人都不一样，他陷入迷茫，陷入困顿。

机场工作人员发给他的餐券也在慌乱中丢失了，他惊惶地奔向垃圾车去翻找餐券，遭到冷漠的、不近人情的清洁工古普塔的百般刁难。

　　无奈之下,纳沃斯基只能在一间废弃的候机厅里度过漫漫长夜,他把闲置的椅子拼成能容身的单人床,他在候机厅的卫生间里洗澡,靠给机场收纳行李车赚钱买汉堡……这时,他拥有的只有自己不自由的身体以及一只孤零零的小皮箱,皮箱里有换洗衣物和剃须刀,还有那张已经作废的身份证明。

　　在这个围困纳沃斯基的围城里,他的死对头太多了。好不容易找到的赚钱买食物的工作,也被机场官员弗兰克故意搅黄了。弗兰克在他的岗位上等待升迁,苦苦等了十六年,可就在梦想快要照进现实的时候,航站楼里出现了纳沃斯基这个大麻烦,弗兰克的仕途似乎和纳沃斯基一起陷入了巨大的不确定中。这位野心勃勃的官员,在官僚体系里寻梦,他觉得只有将空降的麻烦纳沃斯基从航站里弄走,才是他唯一的柳暗花明。

　　纳沃斯基虽然处处碰壁,但他始终有着他坚不可摧的内心秩序。靠收纳行李车赚钱的财路被弗兰克拦截了,他闲得发慌,就在废弃的候机厅里搞起了装修。他那精湛的技艺竟吸引来了包工头,误打误撞还给自己找到一份高薪工作,他的时薪竟然比机场官员弗兰克都高。这下可把弗兰克气坏了,他再次实施计划,要赶走那个阻碍自己升迁的麻烦精。

　　弗兰克经过一通周密的安排后,故意告诉久困机场的纳沃斯基:某一天的中午12点到12:05分,航站楼的某一个大门无人看守,这短暂又可贵的五分钟里,纳沃斯基就可以逃离。弗兰克当然不是要帮助可怜巴巴的纳沃斯基,他知道,只要纳沃斯基走出航站楼,一定就会以偷渡客的身份被逮捕，那么纳沃斯基就成了别人的麻烦，弗兰克才能彻底解放。

在巨大的诱惑面前，纳沃斯基也挣扎过，但他还是守住了自己的边界。纳沃斯基和弗兰克最大的不同，就是他永远成不了那种为了达到目的而不择手段的人。这一次的暗自较量，无疑，输的又是弗兰克。

纳沃斯基依然陷在无尽的等待里，而机场其实是个巨大的隐喻。航站楼里人声鼎沸，虽然彼此擦肩而过，甚至连萍水相逢都谈不上。这里人影幢幢，广播里永远在播放着提醒旅客及时登机航班信息，每个人都在时刻准备着奔赴下一个目标。因此，人和人都是分离的，都是着急忙慌地直奔目的地，唯独纳沃斯基的生活被彻底摁下了暂停键。在这个相对狭小的物理空间里，失去自由的纳沃斯基可以说什么都没有了。没有钱，没有身份，没有追梦的门票，他唯一拥有的只有善良。

再来说说那个百般刁难纳沃斯基的清洁工古普塔吧！这个印度老头儿身上也有很多秘密，别看他每天尽在干和纳沃斯基作对的事儿，要么就故意把地面拖得湿漉漉的，然后放上写着提醒大家小心摔跤的指示牌，可来去匆匆只顾赶路的人，哪有工夫看指示牌呢？于是，总有人狼狈地摔倒，别人的窘迫成了古普塔的乐趣。古普塔之所以不让纳沃斯基去翻垃圾车寻找丢失的食品券，那是因为垃圾车里有他捡拾来的旅客们的遗失物品，这都是他的战利品，他经常拿这些东西去赌博。

古普塔这个冷僻又古怪的老头之所以来到美国，是因为很多年前一时冲动，在家乡刺伤了一个屡次勒索他的警察，若被抓的话就得蹲七年大牢,于是古普塔就逃到了美国。背井离乡这么多年,古普塔似乎获得了自由。

纳沃斯基的到来改变了很多人,这里面包括弗兰克,当然也包括古普塔。

机场里来了一个慌里慌张的可怜兮兮的中年人,他说着一口没人听得懂的话,官员弗兰克从他的行李里查出了违禁药品。可面对边检人员的询问,中年人一句也听不懂,弗兰克发现中年男人的话,整个机场只有纳沃斯基能懂,于是就叫来纳沃斯基当临时翻译。

原来,这个男人带的是给父亲救命的药,纳沃斯基最后当着凶神恶煞的弗兰克的面,教中年人说这药是给山羊治病的。当时有法律规定,给动物治病的药可以携带,弗兰克明明知道纳沃斯基故意在帮助中年人,可是也没有其他办法,只好眼睁睁看着中年人带走了那几瓶药。

让弗兰克感到意外的是,纳沃斯基自己麻烦重重,还有心思去管别人的闲事。纳沃斯基的善良像一束光,照亮了古普塔,应该也照亮了弗兰克吧?

被困了九个多月后,纳沃斯基的国家终于恢复了政权,按照规定,他必须得从哪儿来就回到哪儿去。出航站楼打车去纽约寻萨克斯手要签名?想都别想了。纳沃斯基一再坚持要去纽约,弗兰克这个古板的官员当然不允许纳沃斯基踏上纽约的半寸土地,他要强迫纳沃斯基在规定的时间准时登上回国的航班。

纳沃斯基的梦想眼看就要实现了,可现在又要碎一地。这时,古普塔决定要帮纳沃斯基实现他的梦想。古普塔一直有一种决绝,有着以命相搏的勇气。当老人拿起拖把冲上机场跑道的那一刻,戳中多少人的泪点啊!瘦小又衰老的古普塔逼停了飞机,飞机延误,纳沃斯基拿着空姐艾米莉托人弄来的临时通行证,就可以搭车去纽约找萨克斯手了。

古普塔冲上跑道的那一刻,他十几年的努力都化为乌有。可以想象,接下来他会被遣返回国,接受法律的制裁。他当然知道自己接下来的命运,可依然选择去帮助纳沃斯基。害怕牢狱之灾背井离乡的古普塔,那一刻,有无数的理由逃离、后退。可现在,却有一个强大的理由让古普塔勇往直前,那就是要成全纳沃斯基。

因为古普塔知道,纳沃斯基这次如果放弃,将成为他一生的痛苦。古普塔一定要帮纳沃斯基实现梦想。成全别人,某种程度上也就成全了自己。

这部影片的中文译名有很多,《幸福终点站》这个标题很美好,可是我们的生命似乎永远没有终点站。即便如此,我们却要有无穷的追求。

影片还有个很直白的名字,叫《航站情缘》,这是另外一条故事线了。航站楼里失去身份失去自由的流浪汉纳沃斯基,和头等舱的空姐艾米丽还发生了一段浪漫的爱情。可纳沃斯基注定成不了艾米丽的幸福终点站,空中飞人艾米丽是漂浮的,她一直在等待那份没法尘埃落定的爱情,这一等就是七年。纳沃斯基在等待,弗兰克在等待,艾米丽也在等待,等待自由,等待升职,等待富商的回心转意……航站楼不光只是纳沃斯基的围城,是弗兰克的,更是艾米丽的。

所幸,纳沃斯基内心的善良是一张永不过期的机票,可以搭载着他去追求梦想,就算等得有些久,该来的也一定会来。

话说回来，我们所处的时代，比《等待戈多》里的戈戈和狄狄幸运多了。那两个老兄一直在土墩上苦苦等候，可是什么也没有发生，谁也没有来，谁也没有去。纳沃斯基一行人的等待，悲剧性相对就没那么深重了。这种煎熬里似乎还泛起了美好的涟漪，一度让我们在支离破碎的生活里看到了美好催生的美好。

既然我们注定都是流浪者，都存在于无尽的等待中，那就把终点当成起点，就算陷入困境中，也要有新的期待。

二、像影评人一样看电影

写观后感，学会明确地提出结论很重要，这样才能更清楚、更好地传达你的所思所想、所感所悟。

有的人从电影院里出来，你问他刚才看的电影怎么样，他来一句"还行"或者"不怎么样"，具体哪儿"还行"，哪儿"不怎么样"，他却说不出个门道来。因为他没有去思考这个问题，就没办法得出结论。也就是说，评价这部电影到底怎么样，你得有你的判断标准，哪怕这个标准是比较私人的，但总比没想法强。就以导演张忠华执导的电影《树上有个好地方》为例，影片的故事文本以 20 世纪 90 年代关中农村小学为背景，讲述了校长和老师眼里的"差生"巴王超过的成长故事。关于这部影片，有很多值得探讨的地方，比如，关于"差生"一说，我觉得这个词就是有失偏颇的，也许"后进生"一词反而更确切，因为优生和所谓的差生都是相对的，的确存在一些学习上的"后进生"，但他们也在前进，只是前进的步伐相对滞后一点。其实，很多学生只是考试得分低一些，其他方面能力也许都很优秀。"差生"是应试教育的产物，唯成绩论才会产生差生。

以上只是我的一些结论。当然,结论并不是唯一的,每个人都有自己的看法和见解,也有同学站在另外的角度,去探讨为什么小孩子都很喜欢实习老师。实习老师年纪轻、有活力,他们并没有丰富的工作经验,但往往更有亲和力,会跟学生打成一片,他们尊重每一个个体……基于这些原因,他们更容易成为学生的朋友。

不管怎么说,要想明确地提出结论,对影片的相关内容、信息都要准确把握,因为信息不足就会导致文章内容单薄。

三、从万花筒般的镜头里找论据

结论就是果,要想结出高质量的果子,就要有充足的原因,即论据。写作中,原因承担着增强说服力的重要作用。写观后感,不管是褒贬人物、针砭时弊还是剖析事理,有自己独到的见解还不够,还要在影视作品里找到最恰当的内容来支撑你的观点,不然总感觉是在自说自话。

写观后感,也要联系自身实际,切忌拘泥原作。我写电影《树上有个好地方》的影评时,一开头写我为什么偏爱儿童成长影片,这部小成本电影为什么如此打动我,因为影片的叙事和我的童年有很多神奇的对接,我也觉得自己童心未泯,这就在讲自己的一些实际原因。和自己的人生境遇结合,往往更有话说,更能找到贴合自己内心的切入点。

要去分析人物,比如作品的主角是个什么样的人,形象是否鲜明突出,又有怎样的性格特点等,都要从作品里找到具体的事件或者实实在在的事情来说明这一点。还有,次要人物有什么特点,他对推动情节发展起到什么样的作用,和主要人物有什么关系等等,都要理顺。尤其是那些精彩的细节,画面也好,色彩张力也罢,或者是哪一个地方的长镜头让你拍案叫绝,都值得好好展开来分析。

  结构方面有值得说道的地方,也要结合作品找到那些充足的论据。比如,影片里运用到蒙太奇手法,你就要指出来。又或者运用了交织式的对照结构,也要通过具体的内容来分析。

  影视作品的创作手法很多时候和写作手法有共通性,影视作品里也有对比、借景抒情、托物言志、象征、隐喻、因小见大等手法的运用,这些方面是否新颖、有特色,也可以作为一个很好的切入点。就像电影《树上有个好地方》里,那棵茂盛的大树就是小男孩儿巴王超过的精神家园,他蹲坐在树上,是对现实世界的逃离和排斥,树就像个温暖的家,为巴王超过提供了安全的理想世界,似乎在树的庇护下,他重新拥有了童年的幸福和快乐。

  下面是我写的电影《树上有个好地方》的影评,权当是篇下水作文。

树上真的有个好地方

  我的童年是在大山里度过的,那个时候,黄昏时分绵延不绝的远山和山尖上流动的云就是我的动画电影。很多人记忆中的热闹的露天电影我是不曾拥有过的,可能真是缺什么补什么,以至于成年之后,我很是偏爱儿童片,就当这是童心未泯吧!

  中外儿童电影我都爱看,又看了一遍导演张忠华的小成本儿童成长片——《树上有个好地方》。最初看到这个片名的时候,我瞬间想到的是差一点就得诺奖的意大利作家卡尔维诺的小说《树上的男爵》,这么联想虽然有点牵强,但二者的共同点就是猴孩子都爱上树嘛!

《树上有个好地方》影片的节奏是轻快流畅的,影片一开始,一拨小学生坐在教室里歇斯底里、面目狰狞地跟着语文老师读生字的结构和笔画,另一拨小学生在颓败的墙根儿哇啦哇啦早读。这时候,镜头切换到一个穿海魂衫、脸庞黝黑的小男孩儿身上。他踩在一个同学的肩膀上,龟缩在窗沿,拿长竹竿妄图从阅览室的破书架上钓娃娃儿书。

这些场景对我来说简直再熟悉不过了,连环画,在我老家也是叫娃娃儿书的。原来,阅览室里的娃娃儿书是老谋深算的校长缴获的战利品,它的主人就是这个叫巴王超过的皮猴子。

巴王超过的名字挺有意思,他爹巴五峰是个木匠,妈妈姓王,这也是一对望子成龙的父母,野心都写在脸上,他们希望自己的儿子把所有人都超过,所以起名为"巴王超过"。看来,鸡娃不分年代,不分你我。

电影的故事线很简洁,无非就是把一个捣蛋鬼的那点儿鸡毛蒜皮的日常串起来。学渣巴王超过爱看娃娃儿书,可是故事的一贯走向就是心想事不成。于是,反对学生看娃娃儿书的校长"殷神仙"上线了,他和那个绰号叫"灭绝师太"的语文老师兼班主任对巴王超过进行混合双打,阴阳协调,无处可逃。

巴王超过也是真有才,课堂上,快要生娃的大肚子语文老师让学生用"因为……所以……"造句,巴王超过的灵感瞬间迸发,他造出来的句子是:因为肚子大,所以要生娃。气得语文老师像扔破烂儿一样把巴王超过赶出了教室,估计孕妇还想扫堂腿飞他一脚,拖鞋都飞出了教室。

看来任何时代,老师和家长心目中理想的孩子都可以用两个字概括,那就是——听话。显然,性格有些反叛、不安分的巴王超过就是那种让老师、父母头大的熊孩子。

那个年代,老师、家长反对孩子看娃娃儿书和现在的老师、家长反对孩子使用手机是一样的。巴王超过可以说是娃娃儿书大王,和家长、老师斗智斗勇,校长没收了他不少娃娃儿书,机智的巴王超过把娃娃儿书藏在妈妈的缝纫机里,连他妈都不知道自己的缝纫机是怎么坏的。

姜还是老的辣,校长见来硬的不行,奸计顿生。他忽悠学生说教育局领导要来学校检查,图书室库存告急,希望孩子们能踊跃捐赠图书,待上级领导检查完后,所有的书保证物归原主。

生瓜蛋子巴王超过也想为学校做点儿贡献,自然就着了殷神仙的道。娃娃儿书上交了,从此,有去无回,这就出现了影片开头偷娃娃儿书的一幕。想拿回自己的书,被校长殷神仙当场活捉。一顿臭骂之后,校长提出的条件是:巴王超过若能考俩一百,娃娃儿书就还给他。这明摆着是强人所难。

校长、班主任对学渣巴王超过的降维打击是全方位的,一方面拿优等生贾苗红来吊打巴王超过;另一方面,一有风吹草动,就要叫家长。拿巴王超过的话说:"真拿你们这些大人没办法,总想着把别人超过。"落寞的巴王超过捧着自己的月光宝盒,在野外的一棵歪脖树上找了个好地方。

他上树打链条枪,出溜下树后就跑到草丛里掏鸟蛋。每当这个时刻,太阳是明媚的,风是纯净透明的。可是,在树上玩乐的时光永远是短暂的。他得回到学校去背书、写作业,挨老师的痛骂、接受同学们的嘲讽……

大肚子语文老师要请假回去生娃,她的大学生表妹粉提老师来代课。粉提老师的到来,让巴王超过的天空也泛出了美丽的粉红色。和凶巴巴的大肚子老师不同,粉提老师温柔可爱,她尊重、爱护每一个学生,无论是学霸还是学渣。巴王超过中午背不出课文,粉提老师会特许他回去吃午饭,还给他喝甜到心坎儿里的罐头糖水。

被新来的老师宠溺了一把,巴王超过开心到下河裸泳。殷神仙果然是神仙,能掐会算,胯下夹着摩托车突突突来到河边,拿走了巴王超过扔在岸上的衣服和鞋子。一番畅游后爬上岸的巴王超过情急之下薅了一把草捂住要害部位,忸怩前行。惊慌失措的光溜溜的娃,又一次爬上他的那棵大树。

下河野泳之后,免不了写检查。巴王超过的检讨书写得比作文水平高多了,其中最引人共情的一句就是:"在家要听家长的话,家长说啥就是啥;在学校要听老师的话,老师说啥就是啥。"看来,可悲这件事也是一代传一代,无论是过去还是现在,家庭教育和学校教育的指标就是这两项:听话和分数。

巴王超过在学校不被老师待见,回到家也好不到哪儿去,他爹那个时候已经在身体力行地对孩子进行"洗脑"了,焚烧儿子心爱的娃娃儿书也就罢了,得知粉提老师给巴王超过封了个阅览室管理员的官儿,巴五峰嘲笑说这不过是老师给个麦秆子,巴王超过还把它当成金箍棒。

后来的一次期中考试,从来没及格过的巴王超过破天荒考了七十多分,粉提老师想给他申请一个学习进步奖,却被不近人情的校长一票否决。粉提老师对巴王超过的心疼写在脸上,她最后机智地用口红给心爱的学生写了张奖状。可巴五峰看到儿子这来之不易的奖状时,阴阳怪气地说连个公章都没有,啥狗屁奖状啊!

生活中,有太多像巴五峰这样的家长和殷神仙、灭绝师太这样的老师了,他们对孩子口无遮拦、恶语相向,孩子的自尊心和上进心就这么一点点被消耗、被抹杀。

好在巴王超过运气还不算坏,那个夏天,他遇到了他的粉提老师。粉提老师上课做的第一件事,就是给那个一直被灭绝师太摁在垃圾角的巴王超过调了位置,粉提老师有着一个教育者该有的那种温柔的坚持,她尊重每一个孩子,和孩子们打成一片,这时候,师生的磁场是互相吸引的。她默许学生给老师起外号,和学生一起跳长绳,丢沙包。可这样的友爱互动,在校长眼里是格格不入的,殷神仙嘟哝:老师不像老师,学生不像学生。大家玩得起劲,校长命令一个男老师赶紧打铃上课。系在树上的铃铛响起来,这铃声,把天真活泼的孩子和成人世界的冲突传得越来越真切,越来越清晰。

都说遇到好老师,是一生的运气。就像电影插曲里的歌词那般:天空不再阴霾/柳枝随风摇摆/我站在树下发呆/粉红色的云彩/头轻轻地一抬/望见你的风采……巴王超过带粉提老师去荒野间奔跑,掏鸟蛋、荡秋千、玩链条枪、爬大树,城里来的女大学生显然没见过这些世面,直夸巴王超过是天才。一棵歪脖树,就是巴王超过的好地方。粉提老师也说,这儿真是个好地方,她喜欢这儿。巴王超过给老师看他宝盒里的小秘密,都是些农村小男孩儿爱玩的、老师又要没收的小玩意儿。

这一刻，阳光照射过来，吹进童年的风都是甜的。粉提老师的纯粹与真实和弄虚作假、老谋深算的殷神仙形成了鲜明对比。

几个县联考之际，殷神仙机智地派粉提老师去买一车西瓜来，说下雨天买西瓜自有妙用。他不过是希望那些外县来的铁面无私的监考老师多吃点西瓜，多跑几趟厕所，最好能跑肚拉稀，给自己的学生制造团结协作的机会。校长特地叮嘱学生考试时要互相帮助，好好配合。这一次，巴王超过终于听校长的话了，在大腿上、肚皮上、胳膊上都写满了小抄。粉提老师严厉训斥巴王超过，说考试可以不及格，但不能做一个不诚实的人。

巴王超过再次来到曾经游野泳的小河，用力搓洗满身的小抄，他不想让粉提老师伤心。最动人的一幕发生了：考试之际，粉提老师进教室巡视，在那个气温微寒的雨天，巴王超过别有用心地拉起自己的裤腿，掀起自己的衣服，给粉提老师展示他洗得干干净净的皮肤……

与卡尔维诺笔下的柯西莫相比，巴王超过待在树上的时间太短暂了。粉提老师的男朋友来到大山里看她，巴王超过有了前所未有的失落。他内心的小恶魔窜出来，他割坏了绑在大树上的秋千绳子，想让粉提老师的男朋友摔个狗啃泥，却误伤了粉提老师。

粉提老师受伤了，住了十来天的院。她注定是不属于大山的，她得回去继续完成学业。粉提老师带着伤离开了，巴王超过闯了祸，巴五峰愤怒地锯断了那棵大树。树倒了，童年的花儿落了。

因为内心愧疚，巴王超过在粉提老师离开之后，竟对学习上了心。一天,他意外地收到粉提老师的来信,老师告诉他,很感谢这一场相遇,她在山村里得到了前所未有的快乐,她想念着她的学生们。这一刻,巴王超过终于释怀,也是在这一刻,他长大了。

粉提老师让我看到了一个老师本该有的样子,作家汪曾祺说过:"一个想用自己理想的模式塑造自己孩子的父亲是愚蠢的,而且,可恶!另外作为一个父亲,应该尽量保持一点童心。"我想,这句话,每一个老师也应该铭记,而粉提老师,她真的做到了。

写作练习

你最喜欢哪一部电影,影片里的哪些情节、哪个人物深深触动了你?看完这部影片,你有什么启发?请结合自身实际,写一篇观后感。

第三十讲 │ 将写作力转化为考试力

我们通常习惯称"写作"为"作文",对这一说法似乎都没有什么疑问。一些优秀作文选、高分作文锦囊、满分作文类的书籍充斥着当今门可罗雀的实体书店。其实,"作文"是以应试为目标的,应试作文是一种很特殊的类型,最特殊的地方在于它的读者是阅卷老师。作文有着明显的模板和套路,是一种特定的、狭隘的写作模式。"作文"这个表述把写作狭窄化了。可以这么理解,会写作文的人不一定会写作,但会写作的人作文一定不会差。

一、作文与写作的区别

我发现一个很有意思的现象,很多学生都挺喜欢写作,但不喜欢写作文。因为他们也发现这二者之间有着本质的区别,那就是写作文就像是强扭的瓜,是被迫的。大多数时候,写作文的环境也很特殊,它往往是以语文试卷最后的那道高分题目的面貌出现的,你坐在考场里得使出浑身解数去挣分数。矫揉造作也好,极力煽情也罢,一切的招都要尽力使出来,因为表达机会只有一次,只许成功,不许失败。

作文写出来之后,读者也很特殊。大多数时候,阅卷老师是除了你这个作者之外唯一的读者。这是考场作文的命运,你没有重来的机会,这个瓜强行扭下来了,相当于是一锤子买卖。阅卷老师要在很短的时间内给出等级和分数。

为什么很多学生对写作文产生抵触情绪?最主要的原因就是写作文是一种被动的行为,写作者别无选择,没有讨价还价的余地。让你写窗外即景,就不能写书房一景;让你写人就不能记事;让你写风景就不能写宠物……总之,出题人是 GPS 导航,你没有给自己规划路线和目标的权利。

写作文的时候,也有人热衷谈论考运。作文题目是否符合你的想法,合乎你的心意?是不是能够匹配上你的性格特点?是不是在你熟悉的领域?这些因素往往决定着你的作文得分。有的同学平时不怎么关注体育类节目,让其写"体育之效"之类的文章就有些吃力。而且在考场上写作,没有机会去临时抱佛脚查阅资料,完全靠那点库存素材来应急,难免有些有手足无措。

写作文时的感受和心境和平时的写作也是大不相同的,这时候你是铆足了劲儿去挣分数的,你得审时度势,所以写得手心出汗,如履薄冰。

而写作的外延就更宽广了,你可以写几行诗;可以记录当下的情绪;可以写一篇完整的文章,也可以创作一部长篇小说。写作,首先是写自己,其次是遇见更好的自己。在写作中与自己对话,自我觉察,学会与自己和解,甚至上升到与他人对话,与世界对话等等。

所以,作为学生,就要在创意写作和应试写作之间找到平衡。在什么山头唱什么歌,需要写应试作文,就要把写作创意、方法运用起来,让考场作文大放异彩。

二、写作要一箭命中靶心

考场作文或者语文老师布置的作文,有一种"嗟,来食!"的感觉。虽然选择权有限,也要在螺蛳壳里做道场,这时候,务必要做到精准审题。其实,我们在学习、生活和工作中,也会经常遇到各种各样的"命题",形式五花八门,但实质都是相似的,都需要你首先弄明白真正的要求、真正的要点是什么,然后找到破解之道。

很多同学在写命题作文时容易偏题,甚至离题万里,根源不是对字词的理解有问题,而是没有把结构拆解清楚,因此抓不到重点。举个例子,小学生经常会写这样的全命题作文——"一件难忘的事""一件尴尬的事""一件有趣的事",初看这三个题目差不多,其实里面大有学问,所以审题就变得尤为重要。因为难忘的事有可能是一件让你觉得尴尬的事,也有可能是一件有趣的事,但尴尬的事情就不一定有趣了,而有趣的事情也不可能让你觉得尴尬。让人处境困难,不知所措时,是有些难堪的,是窘迫的。比如,放学的时候,你钻进了路边的一辆汽车,坐进去,车门都带上了,才发现驾驶室里坐的那个人不是你妈妈,原来你认错车了,这种场面就很尴尬。新学期刚开学,老师走错了教室,神采飞扬讲了好几分钟,才发现这是个乌龙,老师此刻也很尴尬。而尴尬的事情会让人陷入窘境,它未必有趣味性。"有趣"指的是你对某事或某物有浓厚的兴趣,这两个主题要注意区分,不然简单的作文题目也可能会写跑题。

把作文题的结构拆解清楚以后,还不能眉毛胡子一把抓。别总想着面面俱到,这样很容易缺乏侧重点,往往也写不出好作文。在拆解主题结构的时候,务必要完整,不能有缺漏,不然理解就会出现偏差。动笔之前先思考,要找到自己最想说的、最有把握的那个着力点。

三、写作的十八般武艺

短短的一篇应试作文,要想获得阅卷人的青睐,要想从众多同类题材的作文中脱颖而出,不是一件简单的事情。很多同学总会预先背诵所谓的范文,习惯了写作文的时候去套路运用,其实这样的套作是很难得高分的。相当于家里来了客人,你招待客人并不走心,一向采取炒冷饭的做法来招待客人,结果可想而知。

语文素养的核心是阅读和写作,而培养语文素养和作文"拿高分"并不冲突。语文教改之后,靠模拟抄写、记套路、背范文这些作茧自缚的方法来应对作文题目是行不通的。想想看,老师阅卷时看10篇作文,9篇都是大同小异,那1篇有创意的作文就拔得头筹了。当然,考试作文还是要"唯稳不破",虽然创意和个性化的表达很重要,但也不能一味地追求剑走偏锋,就怕最后太过冒险自己又招架不住。

写作文其实考查的是学生的阅读积累、知识结构和思维能力,只有保持对阅读和写作持久的热爱,写作文的时候才会觉得所有的主题都在你的"射程"范围内。很多作家都坦言,多读比多写更能有效地提升写作能力。因为写作是一种输出,写作本身是没办法增加你的信息量的。多读书能有效增加信息量,拓宽知识面,活跃思维。而阅读名家的经典作品,相当于把作家们写作的尚方宝剑都拿来了。那么多的写作知识、写作方法,都要大胆地运用到写作实践中去。

打磨细节、制造情节冲突、语言描写、修辞手法、感官描写等写作技巧都是你的写作工具,这些工具要多练多用,才会越用越趁手。本书每一讲内容里提及的写作方法，你也可以把它们当作是一系列的分解动作，写作的时候，光用其中某一招式是不行的，要学会把恰当的分解动作组合起来，才能打出一套行云流水的组合拳。你要运用多种方法来表达你的观点，这就是写作力，这种能力不是一天两天就能练就的。

四、写作就像盖房子

这一讲重点讲的是要把写作能力转化为考试能力，说白了，就是你写作水平再好，有时候也会在考场作文中失手。应试作文有很多条条框框，要想得高分，就要遵守命题人的游戏规则，不能过度放纵自己的思想，因为放飞自我的结果有可能离题万里。比如，让你以"温暖"为题写一篇记叙文，你觉得自己文曲星下凡，诗仙重生，非要写一首诗，这时候就已经偏题、离题了，相当于你亲手给自己制造了一个噩梦。

很多同学写作文，提笔就写，完全不管作文结构和层次。虽然可以把结构理解成作文的外在形式，或者是一个产品的包装，但若不注意这一点，给阅卷人的第一印象就是没有条理的，是混乱的。就像做菜一样，一锅乱炖，就算你食材选得好，做出来的菜营养也还不错，但乍一看，还是让人没食欲。

有的同学写作文，永远是老三段，给人一种头重脚轻的感觉。还有的同学没想好就开写，写到一半卡住了，写不下去了。更悲催的是有同学写着写着发现自己像脱缰野马跑偏了，拉也拉不回来。而考试作文时间紧迫，一定要在心中先搭建好写作的结构，再一气呵成。还要合理地安排写作时间，而结构恰巧就是分配作文篇幅和写作时间的重要依据。

我们都知道，一篇记叙文有三部分组成：开头、中间和结尾部分。布局结构的时候，不能把中间部分写成一大段，这就感觉一个人没有腰身，给人一种臃肿感。中间的部分，要分出更细节、更多维的层次。平时写作的时候，就要训练自己从三个不同的角度来阐述中间的内容，可以通过列大纲或画思维导图的形式，先去安排好中间部分，这样写的时候才会有条不紊。

写记叙文是应试作文里最常见的类型，一般可细分为四大类：写人、叙事、抒情文和想象力作文。初高中生会再增加一点难度，会写思辨类作文，不管哪一类，万变不离其宗，还是那句话：文学等于人学。文学发端于自我觉醒，所以写作其实写的就是人类共通的情感。因此，良好的思维方式是必须的，思考之后再快速构思写作过程，最终出成果。

时刻需要注意的是，你的写作内容、素材是手中的箭矢，主题就是靶心，这二者要紧密配合，不然就会"脱靶"。

作文开头和结尾至关重要。都说"万事开头难"，开头相当于作文的广告词。张爱玲在《论写作》一文里写道：在中学读书的时候，先生向我们说："做文章，开头一定要好，起头起得好，方才能够抓住读者的注意力。结尾一定也要好，收得好，方才有回味。"我们大家点头领会。她继续说道："中间一定也要好……"还未说出所以然来，我们早已哄堂大笑。这个与写作有关的小故事像一个让人开怀大笑的段子，但却一语道破写作的要义。也就是说，作文的开头、结尾、中间部分都很重要，连每一个标点符号都要重视。

可是，还是有同学在背万能开头，为了结束文章随便写一个结尾，这样的认知和写作态度是有问题的。再次提醒大家：开头和结尾都非常重要。你可以想象一个这样的画面：一位女士要去参加一个非常重要的晚宴,为了穿上那件流光溢彩的晚礼服,她提前一个月就开始瘦身了,不光要保持好身材,她还小心呵护自己的每一寸肌肤,希望晚宴的时候自己的状态保持到最好。终于等来那重要的一天,她从下午就开始化妆了,穿上礼服后的优雅让人赞叹。可是,快要出门的时候,却发现自己的头发还是凌乱的,高跟鞋也不合脚。打这个比方是想强调,文章的开头和这位美人的发型一样重要,文章的结尾和一双舒适的、得体的、能衬托礼服的高跟鞋一样重要。如果不重视开头和结尾,一切的努力等于白费。

很多学生作文的结尾不痛不痒的,如果让他写快乐的一天,结尾就来一句:今天真快乐呀!不用干巴巴地点题,前面的内容能全方位地展示你的快乐才行,结尾可以再次去回忆那个快乐的画面,让快乐在读者的脑海中再次定格,效果反而更好。

来欣赏一下作家肖铁的散文《壶口的黄河》的开头:在中国看水,看中国的水,最好到黄河。九寨沟的水显得太清秀,俏得有些西方的味道;太湖的水又有点小,文人味太重,不像是水,倒像是供人把玩的装饰物。也许,中国的水应是黄色的,和我们中国人的皮肤一样;而黄河也只有到了这儿,才成了真正的黄河!

再感受一下作家迟子建的散文《枕边的夜莺》的结尾:我常想,我枕边的一册册古诗词,就是一只只夜莺,它们栖息在书林中,婉转地歌唱。它们清新、湿润,宛如上天撒向尘世的一场宜人的夜露。

开头、中间部分和结尾组成了一篇完整的作文,总之,开头、结尾很重要,中间部分也要层次分明,结构不清是大忌。

应试作文得高分的理由说起来很简单,主要有以下几点:多角度思考问题;素材有一定的信息量;有亮点;细节呈现出画面感；点题巧妙等。当然，在极有限的时间内完成你的写作，还是有些难度的。俗话说："台上十分钟，台下十年功。"只有把写作视为生活的日常，平时多读多写，多一些观察，多一些储备，写作文的时候才能文思泉涌。

我之前居住的地方，离长江很近，那时候经常去长江边玩。长江滩涂有大片芦苇，春天，干枯的芦苇丛里有很多细嫩的马兰头；夏天，孩子们会在芦苇荡里挖螃蜞。孩子们挖螃蜞多半是图个乐子，本地人挖了螃蜞会拿回家去做螃蜞豆腐吃。当时看到这一幕幕情景，我并没有功利地想这是在收集写作素材，可有一天，那些过往，那些记忆里的风景就会流淌成笔下的文字。

螃蜞豆腐：此岸的乡愁

作为入选江苏省百道乡土地标菜名单的"螃蜞豆腐"，虽算不上精致，但却有着真诚而热烈的气质。一碗张家港最地道的热腾腾的螃蜞豆腐下肚，平淡生活里的好滋味便在心头一点点晕染开来。

住在沙上（指张家港的北部地区）江边的孩子，都体会过夏日去芦苇荡里捉螃蜞的乐趣。铜板大的螃蜞躲在湿润的石块底下，眼疾手快的孩子很快便能抓到半桶螃蜞。将这些张牙舞爪的家伙带回家，洗净去壳去脏器，丢盔弃甲是最理想的状态。把处理好的螃蜞放进石臼里捣烂，用细密的纱布滤去渣子，螃蜞浆往沸水里一兑，颇有云卷云舒之感。加入香油和浓绿的韭菜末，哎呀，那个鲜！还没细细品味，已经滑进肚子里去了。

《红楼梦》里，林妹妹这样写螃蟹："螯封嫩玉双双满，壳凸红脂块块香。"江边的螃蜞可没大闸蟹们贵气，但它却是真正属于平常百姓家的美食。从小小的不起眼的螃蜞到汤碗里的那热气升腾的螃蜞豆腐，其中蕴藏着的，是时光下的慢慢蜕变，更是一个纯粹真实的故乡所承载的舌尖上的那一抹乡愁。

　　故乡是个柔软的词，故乡的山珍海味也好，箪食瓢饮也罢，都会在游子心头绽放成一道温润的光。那些去乡日久的人，想念的这春韭漂浮其上的螃蜞豆腐，不过是时光在生活里的细节发酵。"故乡遥，何日去。家住吴门，久作长安旅。"我们总是在找机会讴歌自己的故乡，我们爱把那些鲜为人知的美食一道道摆上，这浓烈的情感含量，只有夜里轻轻吹来的微风才懂……

　　是家乡塑造了我们，它塑造了我们对自然的感知。江风、滩涂、芦苇荡、荠菜、芦蒿、马兰头……这些渐渐成了记忆中的朱砂痣，田野、鱼塘也尘封在久远的回忆里。有人说，故乡作为记忆，正在被时代改变，被自我消耗；有人说，故乡是一种刻骨铭心的回忆，历久弥坚；也有人说，故乡就是用来遗忘的。可是，面对一道久违的美食，那种悲喜交加的心境，成了一种关乎故土的特殊的语言。

　　最近总是梦见江边摇曳的芦苇，梦里有夏日温热湿润的风吹过来，草丛里还有螃蜞在悉悉索索地爬行。我想，这是我对故乡细碎又动情的想象吧？原来，童年最纯粹的快乐一直冰封在脑海里，深夜的时候才会一点点复活。

　　看来，于情感层面而言，故乡的美食是一种精神养料，它喂养着我们的记忆，也喂养着我们渐渐长大的乡愁。

　　说一千道一万，要想作文拿高分，还是要多阅读，要读书，也要读生活。阅读是网状吸收的过程,而写作文是线性输出。你脑子里有干货,没什么好怕的,大胆去写吧,大胆去表达你自己吧!

在我看来,写作的成本是最低的。你看,你学外语口语需要去报昂贵的培训班,学绘画要买水粉颜料、画布等等,而写作呢?只要有一张纸、一支笔就可以啦!

我走上写作之路,就是因为写作的成本很低的缘故。年少轻狂的时代,迷恋言情小说,看了亦舒师太的《圆舞》,不可一世地说:"师太也就这样嘛!这样的东西我也能写。"于是,就写了我人生中的第一部长篇小说。当然,那时候,咖啡都喝不起一杯,小说里描写主人公喝咖啡的时候,分不清卡布奇诺和拿铁。不过这又算得了什么呢?什么困难都阻挡不了我的写作。

后来,迷上了作家苏童那种像江南烟雨一般缥缈如絮的文风,有一阵子爱极了他的《我的帝王生涯》,我也写了一部四万字的小中篇。

以我的亲身经历告诉你,读的书多了,照葫芦画瓢也差不到哪儿去。"世事洞明皆学问,人情练达即文章"。说直白点就是明白世事,掌握其规律就是学问。恰当地处理事物,懂得一些道理,再总结出来的经验就是一篇好文章。

有字的书要读,无字的书也要读,阅读是打开写作"黑匣子"的万能钥匙。让我们一起阅读,一起写作,一起踏上写作的旖旎旅程!

写作练习

仔细观察生活中的事物,收集你感兴趣的写作素材,巧妙运用写作技巧,完成一篇写作吧。

后　记

掰着手指头算了算,我没坚持下去的事儿太多了,比如跑步,比如练瑜伽。说来惭愧,我算是个相当不自律的人。但写作这件事儿,我竟然不厌其烦地干了二十多年。写作对我来说就是一种自我表达,而表达是我根深蒂固的渴求。

一说到写作,很多人都退避三舍。总有人说自己不是写作那块料,没有天赋。其实,写作根本不用上升到拼天赋的程度,因为自我表达是每个人的宿命。

这个世界,有很多人高估自己,也有很多人低估自己。尤其是在写作方面,中小学生抱怨:"写作文真让人头大。"中小学生家长诉苦:"辅导孩子写作文气得心脏病都要犯了。"可是,学生不得不去写作文,而成年人也得写总结、写汇报、写方案、写策划书。这之间最重要的问题是,很多人没有建立起写作的自信。写作没那么难,不能只是片面地认为只有在校学生才需要写作文,其实写作文只是写作范畴里很狭小的一部分。

每个人都可以尝试自由写作,而写作可以让我们获得自由。我每天都会写作,想写什么就写什么,想和这个世界分享什么就立刻动笔。窗边的绣球花开了,记录自己初夏的喜悦;买了把精致的银器,写下自己内心翻涌的激动;读到一本好书,忍不住写下一大段感受……

其实,人类自古以来表达的,无非都是些相同的内容。栀子花开了，云南的菌子太美味，和朋友在街边喝了一壶好茶，汪曾祺都会用深情的文字定格这些生活里的闪亮碎片。

归根结底，一个人的所做、所思无不是为了表达自我。对他人、对环境、对世界、对信仰做出表达，这是我们的天性使然。而记忆、觉察、审思都是表达最好的时空隧道。我始终相信，是写作让我的生活变得不那么匮乏。

开设写作课这六年来，我写下了几十万字的教案，本书的内容亦是其中的一部分。这些年来，我总是在修正"作文"的说法，我始终认为"作文"这个表述太过应试化、狭窄化、扁平化。这些年来，我一直在带领学员去深度阅读，因为广泛有效的深度阅读才能拓宽认知视野，磨砺写作思维。

我经常告诉学员，写作不只是为了作文拿高分，我们要在高分和创意之间寻找平衡。写作也不只是为了发表，写作应该变成我们的生活方式。巴西作家克拉丽丝·李斯佩克朵说："写作即为生活，生活便是写作。"这不是一句口号，也不是说要以写作为生，而是要看到写作的更多可能性。

跟着我学写作的学员，最早的一批是2017年底结识的，有几个热爱写作的孩子已经上高二了，高中生学习压力大，但阅读和写作给了他们喘息的机会。

这些学员告诉我，每天抽出二三十分钟静下心来记录自己的心情、写下自己的故事，在这种静心讲述中寻找意义，这种思考能够帮他们找寻一个明确的方向，把心里的那种时空感，从暗流涌动的学习生活里夺回来。

那一刻，我相信他们已经找到了能够穿透暗夜的那束光。写作就是那束光。一张纸、一支笔便能够带领你我穿越人生的漫漫长夜。

后 记

写作不是只为了作文那道高分题。当你忧虑、烦躁、苦恼的时候,写作会陪伴你走好眼前这一段泥泞、坎坷的路。这里说的通过写作来释放压力、缓解焦虑,不是简单地通过写作来抱怨、来吐苦水。写作这个好用又有效的工具是人人都学得会的,写作可以让我们快速平静下来,把心中的苦闷和压抑诉诸笔端,通过书写来倾吐自己内心的情感,这可以帮我们理清思路,也可以让情绪得到升华。

这里的"升华"是个心理学名词,它指的是一个人受挫后,心里难免会感到压抑,而释放心里的压抑感受有两个方向,一个就是不管不顾地去发泄自己的负面情绪,而升华就是另一个维度的成长,受挫后的压抑心理也可以向有建设性意义的方向发展。

也就是说,当我们遭遇生活的捶打和责难时,若能选择通过写作去疗愈自己,就会朝一个更积极更阳光更有建设性的方向而去。由此可见,写作是维护我们心理健康的一个得力的工具。

而疗愈写作和传统意义上的写作不是一回事,不用担心自己的文笔,不用考虑文章结构,放轻松,大胆写出内心的真实想法就好。写作的过程本身就是个思考的过程,我们只要遵循一点:客观描述就好。不用夸大问题,也不要回避问题,直面自己的负面情绪,只要不退缩,从某种意义上来说,你就已经获得了解决问题的力量。

在写作中,自己和自己的内心对话,先平复自己的负面情绪,再分析负面情绪出现的原因,最后找到解决问题的办法。在这个循序渐进的过程中,那些阻塞自己情绪的东西就可以通过你写下的字句一点点疏通,一点点把自己从负面情绪的泥淖里打捞出来。我们每个人都有自救的本能,而写作就是我们最好的自救工具之一。

这一年来，我鼓励学员每天记录三件快乐的小事儿。因为很多人总是习惯和生活中不如意的事情纠缠，从而忽略了快乐的那一部分。诚然，思考和梳理那些不好的部分，有助于自我反省和自我矫正，但总是陷入负面的情绪里，会觉得生活是暗淡无光的。有些学员把记录那些快乐的瞬间当成是送给自己的礼物。久而久之，他们抱怨的次数减少了，快乐越攒越多，幸福感提升了。

落花水面皆文章，写作可以让我们重新关注生活中那些琐碎的日常，写作可以重新整理我们的生活，写作可以让我们回归真实，回归自在。

不着急，好好写，慢慢来。

2023 年 5 月 26 日于张家港